Horst Conen

Optimisten brauchen keinen Regenschirm

Horst Conen

Optimisten brauchen keinen Regenschirm

Das Programm für Ihre positive Zukunft

Die Deutsche Bibliothek – CIP-Einheitsaufnahme

Conen, Horst:
Optimisten brauchen keinen Regenschirm : das Programm für Ihre
positive Zukunft / Horst Conen. – 2. Auflage – Landsberg am Lech :
mvg-verl., 1999
  (mvg-Paperback ; 08599)
  ISBN 3-478-08599-3

Umschlaggestaltung: Gruber & König, Augsburg
Satz: Verlagsservice G. Pfeifer/EDV-Fotosatz Huber, Germering
Druck- und Bindearbeiten: Presse-Druck Augsburg
Printed in Germany 080599/799802
ISBN 3-478-08599-3

Inhalt

Genieß die Gegenwart mit frohem Sinn,
sorglos, was dir die Zukunft bringen werde;
doch nimm auch bittern Kelch mit Lächeln hin –
vollkommen ist kein Glück auf dieser Erde.

HORAZ

Vorwort

Wenn Sie dieses Buch gelesen haben, sind Sie ein neuer Mensch. Sie leben zwar noch dort, wo Sie bisher lebten, und auch Ihre Interessen und die Beschäftigung mit ihnen werden gleichbleiben. Doch etwas wird mit Ihnen geschehen sein. Ihre Art, das Leben zu sehen, und Ihre Denkweise werden sich ein Stück verändert haben – und somit ein wesentlicher Teil Ihrer Persönlichkeit. Über diese und andere möglichen »Nebenwirkungen« sollten Sie daher von vornherein Bescheid wissen.

Erkennen werden Sie den Wechsel daran, daß Sie häufiger lachen und besser gelaunt sind als früher und manchen Kummer nicht mehr so schwernehmen. Außerdem werden Sie erfahren, daß Sie bei anderen Menschen besser »ankommen« und mehr Erfolg haben. Der Grund ist sehr einfach: weil Ihre Augen freundlicher glänzen, weil Sie mehr Gelassenheit und Fröhlichkeit ausstrahlen, weil Sie im Alltag mit Problemen und Problemchen anders umgehen – leichter und immer mit der Tendenz, positive Lösungswege zu ersinnen, anstatt sich in düsteren Gedanken zu ergehen. Denn Sie sind in diese neue »Optimistenschule« gegangen, die außerdem ein Selbsttraining für das positive Denken im Alltag ist.

Lassen Sie sich von dem Wort »Schule« bitte nicht verwirren. Keine Sorge! Diese Schule kennt keine Noten und kein Nachsitzen. Und sie verlangt auch keine Schulaufgaben, über denen man an sonnigen Nachmittagen zu Hause sitzen und büffeln müßte. Unsere Art der Schulung kommt ohne Zwang aus und geht spielend leicht, fast nebenbei, vonstatten. Ziel ist es, das Handwerkszeug zu erhalten, mit dessen Hilfe sich gegenüber dem Alltagsgeschehen eine positive Lebenseinstellung entwickeln und aufrechterhalten läßt. Wir möchten mehr Freude am Leben haben, morgens voller Lust auf den Tag das Haus verlassen. Den dringenden Bürokram wollen wir mit heiterem Gemüt erledigen und ein Auge für die erfreulichen Kleinigkeiten eines Arbeitstages behalten. Im Privatleben können wir Lebensmut und Zuversichtlichkeit kultivieren, um trotz aller möglichen Lebenswidrigkeiten immer wieder Anlaß dafür zu haben zu sagen: »Es geht mir gut, ich fühle mich wohl. Ich lebe gerne.«

Ein von Daseinsfreude erfülltes Leben zu erreichen ist leichter, als wir glauben. Davon handelt dieses Buch, mit dem ich dem weitverbreiteten Pessimismus unserer Tage etwas entgegensetzen möchte. Es entspringt persönlicher Denkart und erhebt daher nicht den Anspruch, objektiv zu sein. Einfach soll es sein. Einfachheit ist für mich ein Ideal. Denn unser heutiges Leben erscheint in mancherlei Hinsicht kompliziert genug. Eine Auswirkung davon ist, daß wir in vielem zu analytisch denken. Wir sehen manches zu ernst und haben einen Hang dazu, uns selbst zu wichtig zu nehmen. Wir handeln und entscheiden oft zu sehr aus rationalen Gesichtspunkten, weil wir meinen, es müsse so sein, und handeln am Ende doch oft falsch, weil wir vergaßen, unsere intuitiven »Antennensignale« zu berücksichtigen und unser Leben unter Einbeziehung der inneren Spürnase zu leben. Alles in allem mangelt es uns ein bißchen an Humor, Intuition und Optimismus. Zwar fehlt es uns nicht an gelehrt klingenden Anleitungen dazu. Doch im Alltagsleben, zu Hause, in Ehe und Partnerschaft, am Arbeitsplatz, im Bekannten- und Freundeskreis, beim Umgang mit anderen Menschen, gelingt es uns häufig doch nicht, wie sich immer wieder zeigt. Dem möchte ich eine fröhliche Lebensanschauung gegenüberstellen und ein Wissen, das uns darin unterstützt, leichteren Herzens zu leben. Denn wir dürfen vor allem das Lächeln nicht verlernen und das befreiende Lachen, das uns dazu bringt, auch einmal über uns selbst lachen zu können. Ich plädiere also für etwas mehr Humor und Herzlichkeit in unserer von rationalem Denken und Kalkül geprägten Lebensweise.

Das Buch bezieht seinen Inhalt vor allem aus den Erfahrungen in der beruflichen Praxis. Das Thema ist so alt wie die Menschheit selbst. Und alles, was hier anklingt, ist auf die eine oder andere Art wohl schon einmal gesagt worden: von den alten Griechen, den Chinesen, den Schöpfern der Weltreligionen, etwa des Christentums oder des Buddhismus, und von den Vordenkern dieses Jahrhunderts, das langsam zu Ende geht. Denn die Wurzeln des optimistischen Gedankengutes reichen von den Urvätern der Weltgeschichte bis zu den populären Multiplikatoren des positiven Denkens der Neuzeit, wie JOSEPH MURPHY oder NORMAN VINCENT PEALE.

Doch unsere Welt hat sich extrem gewandelt. Wir steuern mit Vollgas auf das dritte Jahrtausend zu. So schnellebig war die Zeit noch nie. Hektik und Streß bestimmen das Alltagsleben der meisten Menschen. Das Klima in unserer Gesellschaft ist rauher geworden. Der psychische Druck, unter dem viele Menschen stehen, und das Gefühl, den Anforderungen des Alltags nicht gewachsen zu sein, trüben das allgemeine Lebensgefühl. Das Zeitalter der vernetzten Systeme, Informationsflut und Amüsierprogramme hat unsere Lebensweise verändert, zugleich unsere Werte, die Umgangsformen und die Sprache. Manches Wort, das vor zwanzig, dreißig Jahren über positives Denken gesprochen wurde, paßt nicht mehr so recht in die Lebensverhältnisse, wie wir sie heute vorfinden. Vieles ist anders geworden. Die wunderbare Botschaft von der Macht des Vertrauens und der lebensverändernden Kraft der Gedanken – sie gehört zu den ewigen Wahrheiten der großen Weisheitsbücher der Menschheit – scheint immer weniger Menschen zu erreichen, um und ihnen etwas für das Leben im Alltag zu geben. Ansonsten sähen wohl viele Menschen glücklicher aus.

An dieser Stelle setze ich an. Ich habe aufgeschrieben, was sich für mich immer wieder gezeigt hat: Wir müssen lernen, uns im Alltagsleben mehr der guten Mächte zu bedienen. Ich bin überzeugt, daß die Arche Noah, auf der wir dahintreiben, trotz aller nachteiligen Vorhersagen nicht unterzugehen braucht, wenn jeder

von uns dazu beiträgt, auf das Gute zu setzen. Ich glaube daran:
Wenn möglichst viele Menschen sich diesen Gedanken zu Herzen
nehmen, können wir erreichen, daß wir im nächsten Jahrtausend
in Glück und Frieden leben. Wer das Gegenteil vermutet, ist ein
Pessimist.

Denn: Optimist zu sein bedeutet, vertrauensvoll in die Zukunft zu schauen, anstatt schwarzzusehen, und aus dieser Überzeugung heraus positiv zu denken, positiv zu sprechen und positiv zu handeln.

Sollten Sie sich fragen, was die vorliegenden Ausführungen
von den Lehren berühmter Vordenker unterscheidet, so sei hier-
mit erklärt: »Der Kern ist derselbe, die Frucht mußte neu er-
schaffen werden.« Denn in der Welt von heute brauchen wir einen Optimismus, der uns auf praktische Weise und zielsicher wie
ein Pilot durch die Wirren des Alltags- und Berufslebens navi-
giert. Wie Sie später bemerken werden, ist der eine oder andere
Vorschlag von den Weisheiten jener Lebensphilosophen beseelt,
von denen ich selbst viel lernte. Aber die maßgebende Instanz für
das, was auf den folgenden Seiten dargelegt wird, war und ist das
Leben selbst.

Von Anfang an bestand die Idee, dieses Buch so zu gestalten,
daß neben Situationen, die wir alle im Alltag erleben, auch solche
Lebensmomente besprochen werden, die uns aus der Bahn werfen
können. Gleichwohl war es nicht das Bestreben dieser Arbeit, für
jedes »Wehwehchen« ein passendes Rezept anzubieten. Denn Pa-
tentrezepte sind für Individuen nicht möglich. Vielmehr wollte
ich etwas anbieten, das Sie an den gewöhnlichen und ungewöhn-
lichen Lebenstagen begleiten kann. Es soll Ihnen zur Seite stehen
wie eine gute Freundin oder ein guter Freund. Ziehen Sie diesen
Freund immer zu Rate, wenn Sie das Bedürfnis verspüren, ihn bei
sich zu haben, und gehen Sie wieder ein paar Schritte gemeinsam.
So sind die hier gegebenen Vorschläge und Ratschläge alle eher
freundschaftlich gemeint und fraglos nicht »der Weisheit letzter
Schluß«. Doch eines kann ich Ihnen versichern – sie sind alle positiv!

Wer nach rein theoretischen Lösungen für sein Lebensglück Ausschau hält, wird diesen Schwerpunkt hier nicht finden. Sie sollten das Buch nur lesen, wenn Sie bereit sind, den Inhalt im Alltag praktisch auszuprobieren. Verstehen Sie zukünftig jede Alltagssituation, die Sie einschüchtert oder belastet, als eine Übung. Denn durch Lesen noch so vieler Bücher bleibt alles dennoch Theorie und ändert sich für uns nicht zum Positiven, wenn wir nicht am Leben selbst »trainieren«. Gewiß, das ist nicht immer bequem, doch lohnt es sich. Das werden Sie sehr schnell bemerken.

Sollten Sie trotz der angekündigten »Unbequemlichkeiten« den Versuch wagen und innerlich ein neuer Mensch werden wollen, so heiße ich Sie herzlich willkommen. Ich wünsche Ihnen das nötige Wohlwollen, die Welt künftig in einem freundlicheren Licht zu sehen. Denn das Leben kann so schön sein – Sie machen es dazu!

Horst Conen

Einführung –
oder:
Es ist Zeit,
daß unsere Welt
freundlicher wird

Unsere heutige Welt flößt vielen Menschen Angst ein. Die Gründe dafür sind vielfältig. Einerseits sehen wir uns großen Problemen, wie der Rezession, Arbeitslosigkeit, Umweltkatastrophen und kriegerischen Auseinandersetzungen in unmittelbarer Nähe, gegenüber. Andererseits wird die Stimmungslage dadurch getrübt, daß wir uns im persönlichen Leben ebenso häufig zu einseitig auf Schwierigkeiten, Querelen und Unzulänglichkeiten konzentrieren. Beide Komponenten zusammen führen bei einer wachsenden Zahl von Menschen dazu, daß sie sich nicht mehr sicher fühlen. Furcht und Sorge bedrängen sie. Jeder, wenn er sich auch nach außen hin unbekümmert gibt, hat seine eigene Methode, vor den unterschwelligen Ängsten, den Alltagsproblemen und der Unzufriedenheit »abzutauchen«: eine Zigarette nach der anderen rauchen, durch Alkohol Vergessen suchen, fernsehen bis zum Sendeschluß, essen, bis nichts mehr hineinpaßt. Einigen bietet sich zur Aufbesserung ihrer Gemütslage lediglich der große »Kick«. Einer betreibt Bodybuilding und stemmt schwere Gewichte. Ein anderer lebt nur noch von Schönheitsoperation zu Schönheitsoperation. Wieder andere suchen ihr Glück in Designerdrogen, beim tollkühnen Sprung in die Tiefe am Gummiseil, bei Extremsport mit Grenzerfahrungen, beim Spiel in virtuellen Welten. Moderne Menschen von heute nehmen jede sich bietende Gelegenheit wahr, um das, was sie frustriert und bedrängt, für eine Weile vergessen zu können, und sind letztlich doch nur selten richtig froh.

Tausende in unserer Gesellschaft haben inzwischen das Banale zur Maxime erhoben. Doch kann man es ihnen wirklich verübeln? Auf »no future« folgte schließlich sogleich der nächste Negativtrend: die allgemeine Verdrossenheit. Und die Welt wird uns auch heute noch jeden Tag düster ausgemalt. Die schlechten Nachrichten werden in fetten Lettern auf die Titelseite der Zeitungen gedruckt, die guten erscheinen kleinlaut auf der Rückseite. Diese Entwicklung hat Spuren hinterlassen. Viele sind der Anziehungskraft des Negativismus gefolgt. Und das ist bequemer, als aus sich selbst heraus ein positives Zeichen zu setzen und aufzubrechen, die Wunder des Alltags zu entdecken. Doch denkt man darüber nach, weshalb so viele Menschen sich von jener Untergangsstimmung anstecken ließen, stößt man auf das wahre Dilemma: Die meisten haben nur deshalb den Glauben an das Gute verloren, weil sie kein rechtes Vertrauen in ihre Fähigkeiten als Gestalter ihres Lebens mehr haben. Und weil ihr Selbstvertrauen geschwächt ist, haben sie sich, gleichsam als Ersatz für inneres Glück, eine Art Ersatzbefriedigung geschaffen. »Trendy« auszusehen, »in« und nicht »out« zu sein und sich finanziell dafür manches aufzuerlegen, scheint für einige Bevölkerungsgruppen zum Hauptsinn des Lebens geworden zu sein. Doch der Blick hinter die Kulissen zeigt: Hinter dem Kult um die Äußerlichkeiten und hinter manchem hübsch geschminkten Gesicht verbergen sich dieselben Träume und Sehnsüchte, wie viele Menschen sie hegen. Jeder wünscht sich im Grunde nichts anderes als eine positive Zukunft und ein kleines Stück vom Glück. Wenn ich mit diesen Menschen spreche, spüre ich oft die Verzagtheit, die hinter allem steckt. Das Paradoxe daran ist: Vordergründig weist vieles darauf hin, daß es in unserer Gesellschaft »kälter« geworden ist. Alle beschweren sich darüber, daß der Umgang miteinander ruppiger und roher vonstatten gehe und Respektlosigkeiten häufiger an der Tagesordnung seien als früher. Doch macht man sich die Mühe und blinzelt durch den Spalt im Fassadenzaun des einzelnen, so erkennt man, wie hoffnungssehnsüchtig und ängstlich selbst jene sind, die nach außen hin den Eindruck erwecken, nichts weiter als oberflächlich und ichbezogen zu sein.

Nahezu jeder betrachtet das heutige Leben als schwierig und hat Ängste. Wir fürchten uns vor Krankheiten, vor dem Alter, der Einsamkeit und davor, daß sich unsere Lebenssituation zum Nachteil verändern könnte. Selbst wenn es uns gutgeht und wir sorgenfrei sind, tritt irgendwann wieder der »Übeltäter in uns« auf den Plan und kündigt an, daß es sicherlich nicht so bleiben wird. Und schon haben wir Anlaß zu weiteren Sorgen und Befürchtungen. Wir scheinen es immer weniger zu verstehen, dem Alltag mit einer lebensfrohen Einstellung entgegenzutreten. Denn wir trauen der Welt nicht mehr. Jeder beklagt sich darüber, wie schlecht sie geworden sei: Wo man hinhöre, stoße man auf Zwietracht und Zank – im großen wie im kleinen. Und wer in sein Innerstes hineinlauscht, vernimmt zuweilen die Stimme einer verwirrten Seele: »Wie kann man angesichts der heutigen Probleme in der Welt und im eigenen Leben Optimist sein? Wie können wir vorgeben, es sei alles in Ordnung, während wir im persönlichen Leben immer wieder Enttäuschungen erleben und so vieles in die Brüche geht, an das wir geglaubt haben? Wie können wir sagen: ›Es wird schon werden‹, wenn die Zukunftsperspektiven für den Lebensraum Erde nicht gerade rosig aussehen, die Gefährdung von Flora und Fauna inklusive uns selbst ungebremst fortschreitet? Wovor sind wir überhaupt noch sicher in einer Zeit, in der sich Gewalt und Kriminalität genauso ausbreiten wie neue Seuchen?« Diese Fragen stellt sich bestimmt jeder von uns hin und wieder. Und wenn wir in solchen Augenblicken nicht genau aufpassen, kann es geschehen, daß wir urplötzlich und ungewollt in den Klagegesang jener mit einstimmen, die überall nur das Nachteilige sehen und denken, es sei ein Zeichen von Intellektualität, an der Gegenwart zu verzweifeln. Möglicherweise denken Sie in Momenten, in denen Sie die Probleme unserer Zeit vor sich sehen: »Ich muß die Welt nehmen, wie sie ist. Ich habe keine Ambitionen zum Weltverbesserer. Was kann ich allein schon bewirken?« Gewiß, das ist ein Standpunkt. Doch genau dort stehen wir heute, viele sind unzufrieden und nur noch wenig lebensfroh. Und was nun?

Was wir für die jetzige Lebensphase brauchen, ist Ehrlichkeit uns selbst gegenüber. Vergessen wir nicht, was »Leben« bedeutet.

Wir sollten daher aufhören, uns zu ängstigen. Wir haben sofort eine bessere Position, wenn wir für unsere Lebensziele aktiv werden. Auch wenn das übliche Erwachsenendasein häufig davon ge-. prägt ist, lieber im gewohnten Trott zu bleiben, als sich aufzurappeln und gegen Mißbehagen und Unmut etwas zu unternehmen. Wenn die Sehnsucht nach anderen Gefühlen vorhanden ist, sollte man nicht alles beim alten lassen. Man muß sich nicht abfinden, nur weil Tausende es so handhaben. Das darf nicht sein. Denn was einem mit zwanzig Lebensjahren noch nicht auffällt, kann mit dreißig, vierzig, fünfzig, sechzig Jahren immer leidiger werden. Und so weit sollte es nicht kommen, daß man schließlich nur noch für den kleinen Moment des »Abtauchens« lebt, der Rest des Tages hingegen unangenehm ist. Dabei wäre der Schritt, lebensfroher und zufriedener zu sein, meist einfacher zu vollziehen als erwartet. Trotzdem wird an den überholten Lebensgewohnheiten, die jede Entwicklung und Entfaltung der eigentlichen Lebensmöglichkeiten behindern, festgehalten. Man ist zu feige, auszubrechen und alles das loszulassen, von dem man weiß, daß es einem schon lange nicht mehr guttut. Denn etwas zu unternehmen bedeutet, etwas ändern zu müssen, das ahnen wir. Und etwas zu ändern birgt die Gefahr in sich, nicht zu wissen, was dann folgt, und das fürchten wir. Also bleibt meist alles wie bisher, auch wenn uns der Schritt ins Ungewisse und Ungewohnte ein erheblich schöneres Leben schenken könnte.

Zu leben bedeutet aber, sich zu entwickeln und zu verändern. Leben ist Bewegung. Sitzen wir deshalb nicht länger wie gebannt in der Ecke und beklagen die Zustände in der Welt oder im Privatleben. Warten wir nicht darauf, daß der Himmel sich auftut und sich uns eine große Hand entgegenstreckt, die uns ohne eigene Anstrengung in die Welt und in das Leben hineinsetzt, von dem wir immer geträumt haben. Wir müssen uns schon selbst darum bemühen. Das kann uns keiner abnehmen. In keinem Alter ist es zu früh oder zu spät dazu. Erkennen wir also die Notwendigkeit, jeden Tag freiwillig etwas dafür zu leisten, daß wir uns in diesem Leben glücklich fühlen.

Gehen wir mit besseren Begleitern als Angst und Unzufriedenheit durch die Jahre. Geburt und Lebensende stehen nicht in unserer Macht. Aber die Zeit dazwischen ist uns gegeben, damit wir versuchen, das Beste daraus zu machen. Führen wir uns nur vor Augen, um wieviel leichter wir eines Tages aus dem Leben scheiden, wenn es erfüllt war und wir in Zufriedenheit zurückblickend sagen können: »Das war mein schönes, interessantes Leben. Es war gut so, wie es war. Wenn ich könnte, würde ich alles wieder genauso gestalten.«

Auch wenn die negative Betrachtungsweise in unserem Kulturkreis zur Zeit Konjunktur hat – lernen wir wieder zu vertrauen! Wir sind darauf angewiesen – selbst wenn wir in einer problembeladenen Zeit leben –, die Hoffnung auf ein besseres Leben nie aufzugeben. Denn wer kein Vertrauen mehr entwickeln kann, in sich selbst, in andere Menschen und in die Zukunft, der lebt weiterhin in Furcht und wird völlig vergrämt. Stellen wir uns deshalb jeden Tag neu darauf ein, aus den Fehlern von gestern zu lernen, und versuchen wir, ohne weitere Vorwürfe gegen die Welt, uns selbst oder die anderen Menschen, unseren wahren Bedürfnissen und Möglichkeiten näher zu kommen. Sobald wir beginnen, uns offen gegenüberzutreten und uns einzugestehen, was wir uns aus tiefstem Herzen wünschen, und das nicht weiter verdrängen, entwickeln wir uns zu dem Menschen, der wir gerne sein möchten.

Das größte Problem, das wir zuallererst unter Kontrolle bringen müssen, ist unser Kopf. Nicht etwa das Ozonloch, die Wirtschaftskrise oder das Gift in den Nahrungsmitteln, sondern das Gift in unseren Gedanken ist es, was uns am ärgsten bedroht. Wir denken in vielerlei Hinsicht zu destruktiv und schaffen uns damit größte Schwierigkeiten. Und dieses Denken ist die Ursache für viele betrübliche Entwicklungen in unserem eigenen Leben wie auch in der ganzen Welt. Wir müssen also lernen, unser Denken zu »entgiften«.

Unsere Schulbücher haben uns zum Teil ein fehlerhaftes Bild vermittelt. Deshalb neigen wir dazu, für alles, was im Leben geschieht, anderswo die Ursache zu suchen. Unsere Grundhaltung

ist von der Denkweise geprägt: Hier stehe ich, und die anderen
Menschen, die Ereignisse und die Umstände sind allein der Grund
für all das, was mich bekümmert. Das hat uns darauf konditio-
niert, die Schuld für negatives Erleben immer außerhalb und niemals in uns selbst zu suchen. Wenn wir beginnen, das eigene Denken auch als etwas in dieser Hinsicht Ursächliches zu erkennen,
setzen wir den ersten Schritt in eine positive Richtung. Denn sobald wir eine Ahnung davon bekommen, daß die Lösung für die
meisten unserer Probleme nicht außerhalb, sondern allein in uns
selbst liegt, in unserer Denkweise, verstehen wir, welche Möglichkeit wir in Händen halten, unser Lebensgefühl und die persönliche Zukunft mitzugestalten. Dann sind wir mit einem Mal
dazu imstande und katapultieren uns von einem Tag auf den anderen aus dem Trott grauverhangener Gedankenmuster hinaus in
ein farbenfrohes und chancenreiches Leben hinein.

Erheben wir zu diesem Zweck den Mut und die Hoffnung zu
unserem festen Lebensprinzip. Machen wir das »Optimistsein« zu
unserem Gesetz. Damit ist nicht etwa jene Blauäugigkeit gemeint,
die vor allem Unschönen im Leben die Augen verschließt und arg-
los behauptet, es könne nicht mißlingen, was nicht mißlingen
dürfe. Verstehen wir den Optimismus, den wir so dringend pfle-
gen sollten, als jene konstruktive Kraft, die in jedem von uns steckt.
Jeder Mensch, der sich noch nicht selbst aufgegeben hat, kann sie
aktivieren. Wer lernt, diese Lebenskraft im Alltagsleben richtig
zu gebrauchen, darf sich in seinem Leben auf einige angenehme
Überraschungen vorbereiten.

Es liegt also in unserer Macht. Stehen wir am Morgen auf und
setzen die »Probleme-Brille« auf, bevor wir das Haus verlassen,
dann erblicken wir Tag für Tag überall, wo wir hinsehen, nichts
als Schwierigkeiten. Das Leben zeigt sich uns beängstigend und
schwer. Tauschen wir dagegen zukünftig unsere »Probleme-
Brille« gegen eine »Optimisten-Brille« aus, sieht die Welt sogleich viel freundlicher aus. In den meisten Problemen sieht man
jetzt eine Herausforderung, einen kleinen konstruktiven Beitrag
zu leisten, um das, was ungünstig ist, selbst ein bißchen zu ver-

bessern und dem Alltag somit eine größere Aura des Positiven zu geben. Dazu entwickeln wir am besten eine Denkhaltung, in der wir beherzt sagen: »Nein, ich will mir das Gerede aus düsteren, traurigen oder einschüchternden Vorstellungen und Sorgengedanken in meinem Kopf nicht länger anhören.« Und fügen wir hinzu: »Ja, ich will mir etwas schaffen, das mir dabei hilft, betrübliche Gefühle zu überlisten, und die Lebensfreude fördert.«

Nehmen wir Abschied von der Gewohnheit negativer Betrachtungsweisen. Der Winter ist vorbei. Der Schnee ist geschmolzen. Der hoffnungsvolle Frühling hält Einzug. Wir stehen an einem Wendepunkt (persönlich und in bezug auf die Weltlage) und müssen uns entscheiden. Die Vorstellungen, an denen wir von nun an unsere Gedanken orientieren, vermögen unser Lebensgefühl zu bestimmen – für das gegenwärtige Jahr und womöglich für viele weitere Jahre. Führen wir in uns selbst den längst fälligen Frühjahrsputz durch und sagen wir uns los von allem, was uns seit langer Zeit nur noch belastet und unglücklich macht. Räumen wir in unserem alten Leben gründlich auf, damit wir frei sind, etwas Neues und viel Besseres zu beginnen.

Hören wir von nun an damit auf, über die Schlechtigkeit der Welt zu schimpfen. Ein Paradigmenwechsel ist vonnöten. Denn nicht die Welt, der Mensch ist imstande und schafft dem Menschen die Hölle. Wir selbst sind es, die Angst und Schrecken verbreiten können. Doch zugleich sind wir jenes empfindsame, zerbrechliche Geschöpf voller Neugier und Träume, das in uns allen steckt, das freundlich behandelt werden möchte, sich nach Liebe und Anerkennung sehnt und gerne lacht. Daran vermag kein Zeitalter etwas zu ändern, sei es noch so hochtechnisiert. An dieses Geschöpf müssen wir uns halten und nicht an die finsteren Aspekte. Demnach heißt Optimist zu sein, auch bei Rückschlägen und in Krisenzeiten niemals aufzuhören, an die gute Seite des Menschenwesens zu appellieren. Wenn wir das nicht nur in bezug auf uns selbst, sondern auch auf unsere Mitmenschen schaffen, können wir wahrhaftig etwas dazu beitragen, die Welt zu retten – und besitzen zugleich den richtigen Schlüssel für ein erfülltes und erfolgreiches Leben.

Finden wir zu einem selbstbestimmten Leben, indem wir der Gesamtheit, nämlich der kleinen und großen Welt, in der wir im Alltag aktiv sind, unsere beste und stärkste Seite zur Verfügung stellen, und erfahren wir, wieviel Gutes auf diese Weise zu uns zurückkommt. Das ist der Weg, der vor uns liegt. Gehen wir ihn nicht nur an uns selbst denkend, sondern verstehen wir, daß jeder Mensch auf der Welt ein Teil des Ganzen ist, zum Ganzen gehört, für das Ganze eine Mitverantwortung trägt. Denken wir deshalb nicht engherzig, sondern kosmopolitisch. Und geben wir den Menschen, denen wir täglich begegnen, unsere Toleranz und unsere Freundlichkeit. Geben wir uns selbst jenen Lebensmut, den wir brauchen, um uns vom Alltag nicht entmutigen zu lassen und ein fröhlicher Mensch zu sein. Geben wir der Welt unseren Optimismus – die Welt braucht ihn so dringend wie nie zuvor. Fangen wir an. Jeder für sich, leise, ganz leise. Es ist Zeit.

1
Ich fange jeden Tag neu an

Sagen Sie ja!

Wenn sich morgens der Vorhang hebt, ist die Bühne des Lebens noch in schummriges Licht getaucht. Wir sehen nicht, was der Tag für uns bereithält, wissen nicht, welches Stück heute gespielt wird. Es ist der Moment, in dem wir, schlaftrunken, von der einen Welt in die andere hinüberwechseln und in einem neuen Tag erwachen. Dieser Moment birgt etwas Geheimnisvolles in sich, eine Art Magie, die im verborgenen wirkt. Zwar tritt klar zutage: Wir sind es, derselbe Mensch, der wir gestern waren. Und es ist ein Morgen wie viele andere Morgen auch. Wir beginnen ihn mit der gleichen Routine und fragen uns: »Was habe ich heute alles zu erledigen?« und: »Wie schaffe ich alles?« Doch wenn wir uns nur sechzig Sekunden lang bewußtmachen, was in diesem Moment ebenso Wirklichkeit ist, dann erkennen wir: Der Tag, der vor uns liegt, ist einzigartig. Denn kein Tag unseres Lebens kommt je wieder zurück. Mit jedem Erwachen haben wir ein Quantum an Lebenszeit verbraucht und befinden uns – beinahe unübersehbar – innerlich woanders als dort, wo wir am Tag zuvor standen. So betrachtet ist jeder Tag ein Leben für sich, eine Zeitspanne, in die wir Morgen für Morgen neu hineingeboren werden. Mit jedem Erwachen erhalten wir aufs neue die Chance, uns für die Gewißheit zu öffnen, wie kostbar ein Tag ist, und uns vorzunehmen, ihn so gut wie möglich zu genießen. Der Morgen wird heller, der Tag kommt. Wir betreten wieder die Bühne des Lebens. Manche taumeln hinaus, manche »starten« sofort »durch«. Etliche sind äußerlich anwesend, haben sich innerlich aber noch nicht eingefunden. Doch dann läßt die Zeit uns keinen Spielraum mehr. Ein großer Scheinwerfer ist auf den Ort der Handlung gerichtet: das Alltagsleben. Erste Worte werden gesprochen, erste Gänge sind durchgeführt. Das Stück hat begonnen. Und Sie – Sie selbst spielen die Hauptrolle darin.

Jetzt kommt es auf Sie an, wie Sie es gestalten und wie Sie sich einbringen. Den Tag kümmert es nicht, ob es uns gut geht oder schlecht, ob wir zur Zeit ein Hoch haben oder ein Tief. Wir müssen uns schon selbst darum kümmern, wie wir dem Leben entgegentreten wollen. Deshalb sind Sie aufgefordert, sich zu entscheiden. Was soll aus dem Tag werden, eine Komödie oder ein Drama? Möchten Sie lachen, oder mögen Sie Stücke mit »Herz und Schmerz«? Welche Rolle möchten Sie darin spielen? Die Heldin oder den Helden? Narr oder Nörgler? Schillernde Persönlichkeit oder Graumann? Gewinner oder Verlierer? Optimist oder Pessimist? Was wollen Sie erleben – Hochspannung oder Langeweile, Lust oder Frust? Niemand wird darauf drängen, einen Part zu übernehmen, der ihm nicht gefällt. Wer wählt schon freiwillig Unliebsames? Jeder würde am liebsten die Rolle übernehmen, die ihm das größte Stimmungshoch beschert! Alle möchten unbeschwert und heiter durch den Alltag gehen. Gewiß haben Sie im stillen schon oft gedacht: »Könnte ich doch von meinem Wesen her einmal so sein, oder so, dann würde mir bestimmt vieles leichterfallen.« Und danach haben Sie zu sich gesagt: »Ach, ich kann eben nicht aus meiner Haut heraus, ich bin, wie ich bin.« Gleich haben Sie den Gedanken wieder verworfen, ohne den Versuch gewagt zu haben, im Alltag einmal eine ganz andere, möglicherweise viel vorteilhaftere Rolle einzunehmen. Schade!

Doch seien Sie getrost: Sie haben jeden Tag aufs neue die Chance, anders zu sein. Dieses Anderssein bezieht sich nicht auf jene Eigenschaften, die Sie an sich selbst mögen, die Ihnen und Ihnen nahestehenden Menschen lieb und teuer sind. Sondern es meint meist immer wiederkehrende Denk- oder Verhaltensmuster, die Sie an sich selbst nicht so gerne haben, weil Sie vermuten: »Deswegen setze ich mich selbst unter Druck. Deshalb ärgere, ängstige, sorge ich mich so leicht. Aus diesem Grund bin ich womöglich so häufig unzufrieden und unglücklich, traurig und betrübt.«

Natürlich ist es kaum möglich, von einem Tag auf den anderen ein völlig neuer Mensch zu werden. So plötzlich Rollen zu übernehmen, die man im Leben am liebsten spielen möchte, ist eher unrealistisch. Aber Sie können langsam, Schritt für Schritt, Stufe für Stufe lernen, Ihre innere Einstellung zu verändern. Fangen Sie am besten gleich damit an. Der Weg beginnt bei dem, was und wie Sie gerade denken. Er führt dann vom Kopf zum Herzen und bald vom Herzen in Bein und Hand, in das, was Sie sehen und hören, sagen und tun, erfahren und erleben. Wer weiß, vielleicht ist es schon morgen soweit, und Sie ertappen sich dabei, wie Sie anfangen, sich für das Alltagsleben eine andere Rolle auszuwählen – eine, in der Sie sich wohler fühlen als in der, die Sie zur Zeit innehaben. Vielleicht bedarf es aber auch erst einiger Versuche, um herauszubekommen, welche Rolle Ihnen am besten steht und dafür geeignet ist, Denk- und Verhaltensmuster zu vermeiden, die Ihnen manchmal das Leben erschweren.

Die Hauptsache dabei ist, daß Sie das Ganze zunächst als ein Spiel betrachten. Denn im Spiel haben wir die Möglichkeit, uns selbst anders zu erleben. Auf diese Weise können wir am besten üben und ausprobieren, lernen, uns hineinzuversetzen, hinzuspüren, hinzuhören und Zusammenhänge wahrzunehmen, die wir für den direkten Umgang mit uns selbst in der Wirklichkeit des Alltags, also im »Ernstfall«, gut gebrauchen können. Wenn Sie heute oder morgen der Wunschgedanke wieder ruft, in gewissen Alltagssituationen ganz anders sein zu können – vielleicht gelassener, heiterer und zufriedener –, und wenn Sie dann bereit sind, darauf einzugehen, werden Sie den Weg und das Ziel schon sehr bald erkennen und in Zukunft mehr als bloß eine Rolle spielen. Von da an werden Sie in Ihrem Leben auch *Regie führen*.

Wie Sie dahin kommen, wollen wir erläutern, und wir beginnen sofort mit der Praxis. Ob Sie im Büro sitzen oder im Außendienst tätig sind, in einer Behörde arbeiten oder in einer Privatfirma, ob Sie etwas verkaufen oder Menschen beraten, ob Sie täg-

lich technisch und handwerklich zur Tat schreiten oder Ideen pro-
duzieren, ob Sie Unternehmer sind oder Angestellter, als »Einzelkämpfer« oder im Team Ihre Brötchen verdienen, ob Sie noch stu-
dieren oder zur Zeit arbeitslos sind, Hausfrau oder Hausmann –
in der *ersten Stufe* kommt es darauf an, daß Sie den *magischen Moment* am Morgen nicht vorbeiziehen lassen. Sie steigen nur dann
zu täglich neuen, angenehmen Erfahrungen auf, wenn Sie sich dem
Zauber öffnen, das Leben Tag für Tag neu in die Hand nehmen zu
können.

Sprechen Sie zu sich daher morgens als erstes die Losung: »Ich
freue mich auf den Tag.« Sagen Sie schlicht und einfach, aber laut
und rückhaltlos ja zu dem Tag, der vor Ihnen liegt – unabhängig
von Ihrem Tagesplan und vom Wochentag, sei es Montagmorgen
oder Sonntagfrüh. Beginnen Sie den Tag positiv. Das ist wesentlich. Und schenken Sie sich ein bißchen Zeit, um sagen zu können: »Ich bin Optimist.«

Mir scheint, dies ist kennzeichnend für unsere moderne Lebensführung: Viele Menschen neigen dazu, den Tag zu beginnen,
zehn Angelegenheiten gleichzeitig erledigen zu wollen und dabei
das scheinbar Dringende mit dem wirklich Wichtigen zu ver-
wechseln. Sie sind noch nicht ganz aus dem Bett gekrochen, schon
haben sie innerlich eine Barriere gegen das aufgebaut, was auf sie
wartet. Statt gelassen in den Tag zu gehen und ihn positiv beginn-
en zu lassen, rekapitulieren sie sämtliche vermeintlich unangenehmen Tätigkeiten, die ihnen bevorstehen. Es bleibt zu vermuten, daß diese Menschen in ihrem täglichen Leben nicht Regie
führen wollen. Sie lassen offenbar lieber über sich bestimmen und
wundern sich, daß sie streßanfälliger und öfter schlecht gelaunt
sind. Man sieht es ihnen an: Von Lebensfreude fehlt jede Spur. Sie
stürzen sich auf die Bühne des Alltags und haben doch im Grunde
schon zu allem nein gesagt. Wie aber soll ein Tag auf diese Weise
schön werden?

Es liegt also auf der Hand: Wer nicht möchte, daß ihn alles
anstrengt und mißmutig stimmt, ihn jede Kleinigkeit sofort »zur
Weißglut« bringt oder er alles, was tagsüber am Rande geschieht,

negativ auf sich bezieht, muß gleichsam eine Pufferzone einbauen. Diese Pufferzone kann so gestaltet sein, daß man nach dem Aufwachen oder Aufstehen für einen Moment innehält und eine positive Vision entwirft. Die Vision von sich selbst als Optimist ist die beste Vision, die wir für den Tag – und für unser Leben – entwerfen können. Denn Optimismus am Morgen ist für die Seele wie ein gutes Frühstück für den Körper. Es gibt uns Kraft und hält die Seele in guter Verfassung – viele Stunden lang.

Sagen Sie daher niemals am Beginn eines Tages nein oder »Ich weiß nicht« – auch dann nicht, wenn alles darauf hindeutet, daß Ihnen ein schwerer Tag bevorsteht. Besonders wichtig ist, daß Sie sich bewußmachen: »Auch dieser Tag ist ein Tag in meinem Leben.« Denn, wie erwähnt, mit jedem Tag, der vergeht, wird ein Stück der Lebenszeit geschluckt. Und wer sagt uns, daß außer der Arbeit und den Aufgaben, die wir zu absolvieren haben, nicht auch liebenswerte, reizvolle Momente auf uns warten? Wer weiß im voraus, ob nicht hier und da auch zauberhafte kleine Begebenheiten zu erspähen und zu genießen sind? Es wäre doch ein Jammer, wenn wir mit einem dumpfen »Ich weiß nicht« unsere Sinne so einengten, daß wir diese Augenblicke – für die es gewiß zu leben lohnt – nicht wahrnehmen, oder wenn wir uns mit einem rüden Nein innerlich darauf einstellten: »Dieser Tag kann kein schöner Tag werden.« Und es wäre noch viel bedauerlicher, wenn wir diesen Tag im Hinblick auf die von uns erwarteten Alltagsschwierigkeiten einfach verschenkten. Wir wissen ja nicht, wie viele Tage wir haben. (Denken Sie einmal darüber nach.) Erinnern Sie sich deshalb ab heute jeden morgen daran: »Jeder Tag zählt – dieser auch!«

Das kleine Wort mit großer Wirkung

Geschafft! Das Ja zum Leben haben wir beherzt über die Lippen gebracht. Jetzt steht die Tür weit offen, und draußen wartet die Welt. Ein Schritt genügt, und wir stehen mittendrin. Wir blicken in den Tag. Der Tag blickt zu uns. Wir betrachten ihn ausführlicher. Der Tag schaut ebenso ausführlich zurück. Was zeigt sich auf der Bühne des Lebens? Ein wolkenverhangener Himmel, Zweige ohne Laub, Staub des Werktags, oder blüht es und grünt es überall? Laufen im Büro schon die Telefon- und Telefaxleitungen heiß, herrscht Hektik auf den Fluren, erwarten uns miesepetrige Gesichter, oder werden wir heute freundlich empfangen? Und welches Bild bieten wir dem Tag? Sieht er in uns einen Menschen, der sein Lebensgefühl vom Wetter, von der Hetze, der schlechten Laune anderer Leute abhängig sein läßt? Oder entdeckt er gar eine weibliche oder männliche Person, die ihr Lebensgefühl selbst bestimmt? Fragen wir anders: Wie schreiten Sie an einem gewöhnlichen Tag zur Tat? Ganz unter dem Eindruck dessen, was Ihnen die Welt als erstes Bühnenbild präsentiert? Oder haben Sie eher die Absicht, unabhängig von der äußeren Wirklichkeit alles daranzusetzen, das heutige *Stück Leben* innerlich froh zu durchschreiten?

Zweifelsohne fällt es uns viel leichter, durch den Alltag zu gehen, wenn uns eine aufgeheiterte Atmosphäre empfängt und der Himmel blau ist. Auf sonnendurchfluteter Bühne, wo die Vögel singen und die Menschen uns mit großzügigen Mienen entgegentreten, fühlen wir uns sofort angenommen, gut aufgehoben und auch *er*hoben. Doch wäre es ein Fehler, sich davon zu sehr beeinflussen zu lassen – gerade hier, in westlichen Gefilden. Bauen wir lieber darauf, unsere Nachdenklichkeit in Richtung Positivität wachzuhalten. Nachdem Sie für Ihren strahlenden »*Ja*«-*Auftritt* den ersten Beifall des Tages ernten konnten, muß nun das Wörtchen »wie« folgen. Das Wie bildet die *zweite* zu erklimmende *Stufe* hoch zu dem erklärten Ziel, sowenig kostbare Lebenszeit wie möglich an unangenehme Gefühle zu verschenken. Es ist also kein Grund, sich zu beunruhigen, wenn hier und da noch skeptische Mienen aus dem Publikum auf Sie gerichtet sind. Seien Sie zuversichtlich: Sie haben die erste Stufe leicht erklommen, also werden Sie auch gleich erkennen, auf welche Weise Sie das Wie optimal nutzen können, damit jener optimistische Zauber, mit dem

Ihr Tag so vielversprechend begann, mit den Stunden nicht verfliegt.

Was es auch sei, das Ihnen im Alltag zwischen Freizeit und Arbeiten begegnet, entscheidend ist nur, wie Sie es gedanklich bewerten und wie Sie darauf reagieren. Im Wie steckt die Freiheit, etwas durchzuführen, was nötig ist, sich aber innerlich zugleich eine Gasse – eine Gestaltungsmöglichkeit – für das positive Lebensgefühl freizuhalten.

Erstes Beispiel: Wenn Sie morgens Ihre Kleidung aus dem Schrank nehmen, ist das eine Notwendigkeit. Sie müssen etwas anziehen, können wohl kaum unbekleidet aus dem Haus gehen. Daß Sie sich ankleiden müssen, ist das, was Sie zwingt. Doch *wie* Sie sich kleiden, ist Ihrer persönlichen Gestaltungsart überlassen.

Zweites Beispiel: Wenn Sie mit dem Auto ins Büro fahren, ist das eine Notwendigkeit. Sie müssen Ihrer Arbeit nachgehen, sonst können Sie – abgesehen vom täglichen Nahrungsbedarf – am Monatsende die Rechnungen nicht bezahlen. Doch *wie* Sie fahren – ob ruhig, besonnen und die Fahrt genießend (weil Sie sich sagen: »Auch Autofahren ist Lebenszeit«), oder ob Sie sich dazu hinreißen lassen, sich über jeden zu ärgern, der möglicherweise zu nah auffährt oder durch die Lande rast –, das ist Ihre Entscheidung und deshalb Ihr individueller innerer Freiraum. Denn wenn Sie sich dazu entschlossen haben, die Fahrt von einem Ort zum anderen mit einem gelassenen, angenehmen Gefühl zu erleben, lassen Sie sich nicht so schnell provozieren.

Drittes Beispiel: Wenn Sie am Arbeitsplatz sind, den Tisch voller Aufträge und Zeitdruck haben und wenn außerdem ein Vorgesetzter die Szene beherrscht, der sich nicht darauf versteht, Ihre Leistung anzuerkennen, dann ist das nicht gerade motivierend, aber es ist die Tätigkeit, von der Sie leben. *Wie* Sie sich innerlich dazu stellen, ist allein Ihre Angelegenheit. Sie können es erlauben, daß sich in Ihnen ein Gefühl der Machtlosigkeit und Resignation ausbreitet – ein äußerst unangenehmes Lebensgefühl, das sich oft auf das Privatleben überträgt und auch am allgemeinen Selbstwertgefühl nagt. Ebenso können Sie das Wie aber sofort praktisch umsetzen, indem Sie Ihren Unmut nicht länger in sich hineinfressen, sondern versuchen, einen *positiven Gegenalltag* aufzubauen.

Und dies gelingt ganz einfach. Sie brauchen sich nur zu sagen: »Du kannst den Vorgesetzten nicht ändern, aber du kannst aufhören, dich emotional mit ihm zu beschäftigen und irgend etwas von ihm zu erwarten. Du kannst dir selbst auf die Schulter klopfen und dir deutlich machen, was du dir wert bist und wie tüchtig du in deinem Beruf bist. Du kannst im Gegenzug zur möglichen Berufsenttäuschung eine Pro- und Kontra-Liste erstellen und prüfen, ob vielleicht doch die positiven Seiten bei der momentanen Tätigkeit überwiegen. Du kannst deinen Arbeitsplatz mit Kleinigkeiten zieren, um nicht von den Problemen am Arbeitstag erdrückt zu werden, etwa mit einem Zettel am Computer: ›Vergiß das Schöne nicht!‹ Gönne dir in Ruhe die Tasse Tee zwischendurch, wähle ein positives Tagesmotto (siehe auch Kapitel 6). Denn dies alles trägt dazu bei, sich negativen Faktoren am Arbeitsplatz weniger ausgeliefert zu fühlen, für kleine, erbauliche Momentaufnahmen offenzubleiben, bei denen man sich immer wieder bewußtmacht: Außerhalb der Firma besteht noch eine andere Welt – eine Welt, die einen wesentlichen Teil deines Lebens ausmacht und dir sehr viel bedeutet. Du kannst mit dafür sorgen, daß die Atmosphäre gut ist, denn ein freundlicher Umgang miteinander erhöht das Vergnügen an der Arbeit und läßt manche berufliche Belastung merklich geringer erscheinen.«

Als dem Regisseur unseres Lebens liegt uns das Wie jeden Tag frei in der Hand. Im beruflichen oder im privaten Alltag, ob beim Telefonieren, beim Aktenstudium oder beim Bügeln oder beim Erziehen der Kinder – das Wie ist das, was wir selbst dem Tag hinzufügen können, um die innere Sonne scheinen zu lassen, wenn am Himmel im Augenblick keine zu sehen ist. Das Wie im Alltag zu leben heißt, mehr auf die eigene Kreativität zu setzen als darauf, was die Gegenwart uns bietet. Das heißt aber auch: Die Zeiten sind vorbei, zu denen wir den trüben Tagen die Verantwortung dafür zuschieben konnten, daß wir trübe Gedanken hegten. Ebensowenig darf der Berg zu bewältigender Arbeit nun als alleiniger Grund für unsere schlechte Laune stehen.

Wenn Sie im Alltag ein fröhlicher Mensch sein und mehr Lust am Leben empfinden möchten, so gilt nun: Aufgewacht! *Selbst aktiv werden!* Durch eine Korrektur der inneren Einstellung, durch ein paar Ideen, wie Sie die Alltagskulissen etwas phantasievoller bemalen können, und durch ein wenig Selbstkritik kennen Sie von heute an kein Was mehr, sondern nur noch ein Wie. Denn wenn wir uns auf der täglichen Bühne des Lebens nicht bloß als Mitspieler verstehen, die auszuführen haben, was vorgegeben wird, sondern mehr als Regisseure, dann verliert vieles im Alltag seinen bitteren Beigeschmack – weil wir fähig werden, uns innerlich neu dazu zu stellen. Im Wie steckt auch, sich immer wieder zu fragen: »Wie will ich weiterleben? So – oder so? Und wie kann ich etwas dazu beitragen, daß mein Leben so oder anders wird?«

Freilich wird nichts von dem, was wir im Leben erreichen, perfekt sein. Jeder Daseinszustand birgt die Gefahr in sich, uns auf Dauer nicht mehr zu genügen.

Bis hierher haben wir also drei Einsichten gewonnen:

- In unserem Leben ist nichts vollkommen, denn wir selbst sind es auch nicht.
- Doch wir besitzen die intellektuelle Selbständigkeit, Gewohntes einmal mit anderen Augen anzusehen.
- Wenn wir also die Welt, in der wir leben, nicht zur idealen Welt umgestalten können, so vermögen wir doch die Art und Weise zu bestimmen, wie wir uns selbst darin einbringen, damit wir am Leben mehr Freude haben. Darin liegt der wahre Zauber eines jeden Tages: in der freien Möglichkeit, unsere Gedanken so verändern zu können, daß unser Lebensgefühl von Tag zu Tag besser wird und wir zufrieden sind.

Und das läßt uns zum Regisseur werden:

- wie wir durch den Alltag gehen – ob naserümpfend, genervt und gehetzt, oder ob wir uns den Blick für alles das bewahren, was ihn liebenswert macht;
- wie wir mit Menschen umgehen – ob gedankenlos, ungeduldig und ablehnend oder interessiert, großmütig und mit Würde;
- wie wir mit uns selbst umgehen – ob nach gewohnten Verhaltensmustern, die uns nicht guttun und durch die wir uns selbst das Leben erschweren, oder ob wir uns getrauen, uns selbst einmal in Frage zu stellen und zu Einsichten zu gelangen, welche Teile unserer Persönlichkeit wir ungenutzt lassen;
- wie wir Alltagsprobleme hinnehmen – ob wir ständig darüber klagen, uns ärgern, mit Unmut reagieren, oder ob wir meinen, etwas sei noch lange kein Grund, den Kopf hängen zu lassen, und wir würden einen Weg finden;
- wie wir unseren Beruf ausüben – ob wir ständig »im Streß« sind, ein sorgenvolles Gesicht aufsetzen und damit Erfolg haben, hart gegen uns selbst vorzugehen, oder ob wir einen »heißen Draht« zum positiven Denken besitzen, so daß wir gelöst und gelassen ans gewünschte Ziel gelangen.

Der Katalog der Möglichkeiten, wie wir uns zu Leben und beruflicher Tätigkeit stellen und wie wir denken und handeln können, ließe sich unendlich fortsetzen. Und das »Wie erreiche ich das Ziel, die Problemzonen des Alltags leichten Fußes zu durchschreiten?« wird uns noch beschäftigen.

Einen ersten Anstoß möchte ich Ihnen hier geben. Fragen Sie sich einmal – denn Sie kennen Ihre Vorlieben und Abneigungen selbst am besten –, welche Tätigkeiten zu Hause oder am Arbeitsplatz Ihre Unlust am meisten provozieren. Von welcher Beschäftigung können Sie behaupten: »Ja, dieser Teil des Tages fällt mir leicht«, oder: »Nein, diesen Akt zu spielen gelingt mir in der Regel nur schwer.« Überlegen Sie, welchen Lebensbereich Sie mit Hilfe der (beispielhaft begonnenen) Wie-Palette am ehesten verschönern möchten. Das »Wie« zu leben, würde nun bedeuten, überall dort mit ermunternder Ansprache nachzuhelfen, wo Ihnen etwas bevorsteht, zu dem Sie eigentlich keine Lust haben. Es hieße, alles, was Ihre Unlust erzeugt, gedanklich umzuarrangieren, indem Sie sich beispielsweise sagen: »Jetzt bereite ich mir einen guten Kaffee (oder höre meine Lieblingsmusik oder denke an etwas besonders Schönes oder freue mich auf das, was ich abends vorhabe ...) und erledige, was ich erledigen muß.«

Übung 1
Nehmen Sie bitte eine einfache Karteikarte zur Hand und schreiben Sie darauf gut leserlich den Satz: »Heute zählt für mich allein das Wie.« Lesen Sie diesen Satz mehrfach. Am besten stellen Sie die Karte vor sich auf oder heften Sie sie an die Wand, so daß Sie sie nicht aus den Augen verlieren. Benutzen Sie die Karte, um bei allem, was Sie zu erledigen haben, kurz zu überlegen: »Wie kann ich das, was ich sonst nur mit Alltagsaugen betrachte, aus seinem Schattendasein herausholen?« Wenn Sie nach dieser Frage bemerken, daß Sie etwas weniger mißmutig auf jenes schauen, das Ihnen normalerweise im Alltag Verdruß bereitet, beginnt der Zauber schon zu wirken. Jetzt müssen Sie fortsetzen, denn da ist noch mehr. Vielleicht ist Ihnen soeben eingefallen, wie Sie sich dem einen oder anderen schwierigen Bereich in Ihrem Alltagsleben auf angenehme Weise nähern können. Vielleicht sehen Sie Gewohntes plötzlich neu, staunen über sich selbst, weil Ihnen einige glanzvolle Kleinigkeiten auffallen, die Sie den Alltagsnotwendigkeiten hinzufügen könnten und an denen Sie bisher achtlos vorbeigegangen sind.

Vielleicht zweifeln Sie aber noch und mögen nicht recht daran glauben, daß Ihnen beim Gang durch die Alltagswelt irgend etwas Erfreuliches begegnen sollte, etwas Besonderes, etwas Herausgehobenes, das Ihnen den ganzen Tag über als *positive Gegenwelt* dienen könnte. In diesem Fall möchte ich Ihnen raten: Sehen Sie bitte noch einmal genauer hin. Fragen Sie sich, ob Sie möglicherweise etwas übersehen haben. Denn wenn die Augen jeden Tag dasselbe Szenarium betrachten, können die Kulissen zuweilen nüchtern und phantasielos erscheinen. Sollte es Ihnen so ergehen, liegt es nahe, daß Sie nur noch auf das achten, was Ihnen nicht gefällt, und den Rest ausklammern.

Übung 2
Sich den liebevollen Blick zurückzuerobern, gelingt mit einer weiteren Übung, die als kleine *Entdeckungsreise* durch den Tag konzipiert ist: Lassen Sie sich inspirieren! Überlegen Sie, welche Kleinigkeiten des Alltags für Sie wertvoll sind, Sie einen Moment lang zu verzaubern vermögen. Lassen Sie sich Zeit und halten Sie nach den unscheinbaren, oft für selbstverständlich gehaltenen Glücksmomenten Ausschau, die an jedem Tag lebbar und erlebbar sind. Solche Augenblicke können sein: ein Gang durch den Garten / der Duft von frischen Brötchen / wenn die Kastanien unter den Bäumen liegen / das ausgiebige Telefongespräch mit einer Freundin oder einem Freund / der nachmittägliche Espresso an der Bar / Sonnenlicht, das schräg über den Schreibtisch fällt / das Gefühl, gute Arbeit geleistet zu haben / das Nachhausekommen / ein Spaziergang durch Straßen in abendlicher Stimmung / die Stille im Haus um Mitternacht / im Bett liegen und zuhören, wie es regnet ... Schreiben Sie auf, was Sie als Ihre persönlichen kleinen Freuden des Alltags empfinden, um zu sehen, wie viele positive Eindrücke Sie dem Grau eines Tages hinzufügen können.

Ist es nicht so, daß wir manchmal denken, alles, was wir tagsüber erleben, sei Routine und nichts Besonderes mehr? Wie fühlen Sie sich nun aber, gleichsam Auge in Auge mit der Vielzahl an Momenten, durch die Sie den Alltag um einige bunte Tupfer und unvergeßliche Szenen zu bereichern vermögen? Probieren Sie es einfach aus und lernen Sie sich wieder etwas mehr darauf zu besinnen, was Sie alles an Schönem umgibt und welche Möglichkeiten Sie haben, aus dem Tag wieder ein spannendes Stück Leben werden zu lassen. Oft sind es die kleinen Momente, die nichts kosten, uns aber glücklich machen. Also wägen Sie ab und sagen Sie sich: »Ja, es ist wunderbar, daß ich hier auf die Alltagsbühne getreten bin.« Sie werden bemerken: Auf diese Weise kehrt auch das Staunen zurück, und möglicherweise empfinden Sie eine neue Dankbarkeit Ihrem Leben gegenüber. Sie sehen, daß doch nicht alles so selbstverständlich und geringzuschätzen ist, wie Sie vielleicht vorher dachten, an Tagen, an denen Sie verstärkt das Negative vor Augen hatten.

Niemand begleitet Sie milder und freundlicher durch das große Spiel des Alltags als ein bißchen positives Denken. Und genau das haben Sie soeben praktiziert. Nun präsentiert Ihnen das Leben immer mehr. Denn wenn Sie erst einmal angefangen haben, werden Sie gewiß schon bald den Ehrgeiz entwickeln, bei allem, was Ihnen im Alltagsleben begegnet, das Wie zu bedenken und positiv umzusetzen.

Ich sehe Sie schon: Sie stehen nie wieder verloren in einer düsteren Ecke der Bühne und grübeln wie Hamlet dramatisch über »Sein oder Nichtsein« nach. Sie warten auch nicht länger auf »Godot«, wie in dem Theaterstück von SAMUEL BECKETT. Hingegen bringen Sie frischen Wind in das Geschehen und erleben Hochspannung von der ersten bis zur letzten Minute. Bald werden Sie sich ein Leben ohne das positive Wie nicht mehr vorstellen können. Denn Sie werden sich dadurch schon ein Stückchen verwandelt haben und jeden Dialog, jede Aktion auf der Bühne des Lebens mit etwas anderen Augen sehen.

Im Beruf: sich selbst einbringen

Stunde um Stunde entschwindet die Zeit – jede Stunde zu sechzig Minuten, jede Minute zu sechzig Sekunden. Aus vierundzwanzig solcher Stunden besteht unser Tag. Die Zeit kommt aus dem Nichts und geht ins Nichts. Wir wissen nur, daß wir sie nicht festhalten können. Denn wir sind physisch und daher zeitlich begrenzt. Die Zeit dagegen ist von Dauer. Auch wenn wir eines Tages nicht mehr sind, bleibt sie.

Und es stellt sich die Frage: Wie gehen wir mit der Zeit um, die uns zur Verfügung steht, bis unsere »Haltbarkeitsdauer« abgelaufen ist – hier speziell mit der Arbeitszeit? Wie gehen wir in der Zeitspanne, in der wir arbeiten, mit uns selbst um? Denn genaugenommen verbringen wir die besten Stunden des Tages in der Berufswelt. Wir stehen im harten Licht der Neonröhren, haben eine Aufgabe zu erfüllen, stellen unser Wissen und Können unter Beweis und erhalten Geld dafür. Wir sitzen zurückgelehnt unter formschönen Designerleuchten und bemühen unser Ideengut. Wir arbeiten Hand in Hand von Mensch zu Mensch, müssen belastbar sein, tüchtig und konziliant, acht Stunden lang, fünfmal die Woche. Jeder weiß, daß das nicht immer leicht ist. Es ist nicht selten eine Art Spagat, den die Arbeitswelt uns abfordert: Einerseits müssen wir dem heutigen Zeit- und Leistungsdruck standhalten, denn der Wind ist rauher geworden und der Wettbewerb härter. Andererseits verlangen viele Branchen von uns, daß wir stets kommunikative und freundlich-aufgeschlossene Mitarbeiter darstellen, immer höflich und mit angenehmer Ausstrahlung. Um all diesen Anforderungen entsprechen zu können, benötigen wir daher eine starke positive Lebenseinstellung. Sie sollte auch in Zeiten größter Anspannung lebbar sein. Und sie sollte dem Zweck dienen, die Zeit, die wir am Arbeitsplatz verbringen, nicht als verloren, sondern als eine Facette des Tages zu erfahren, in der wir trotz geistiger und körperlicher Anstrengung ein angenehmes Lebensgefühl haben.

Denn wenn es sich häuft, daß wir bloß sehnsüchtig auf den Feierabend schielen und denken, am Arbeitsplatz sei die Zeit vergeblich verbraucht, stimmt etwas nicht. Und wir begehen dadurch den Fehler, zahllose Stunden unseres Lebens zu verschenken – Zeit, in der wir nahezu genauso lebendig und erfüllt sein könnten wie in freien Stunden. Denn wenn im Berufsleben Stunde um Stunde vergeht, ohne daß wir sie mit etwas Humor und Lebensfreude anreichern konnten – ohne daß man dafür gesorgt hat, daß gelacht wird und man mit dem Herzen dabeisein kann –, kommt eines Tages der Moment, an dem wir darüber erschrecken. Spätestens dann, wenn uns bewußt wird, einen Großteil unserer schönen Lebenszeit an eine ungeliebte Tätigkeit vergeudet zu haben, beklagen wir die vielen, vielen Stunden, die für immer entschwunden sind.

Nehmen wir uns darum an dieser Stelle das Wie im Berufsleben etwas genauer vor. Immerhin haben wir ja behauptet, daß Sie in Koexistenz mit dem Wörtchen »wie« auch den Arbeitstag fröhlicheren Sinnes verbringen werden. Sprechen wir also über die Lebenslust am Arbeitsplatz und darüber, wie wir sie vermehren beziehungsweise was wir den möglichen Anfeindungen des Tages entgegensetzen können.

Zwei Ansätze erwiesen sich dazu bisher als besonders bedeutsam (daher empfehle ich sie auch in meinen Seminaren und Trainings): Inhalt des einen ist die *Selbstmotivation*, des anderen die *Eigenverantwortung*. Diese Benennungen hören sich komplizierter an, als sie sind. Und was als Denk- und Handlungsansatz für den leistungsorientierten Berufsalltag gedacht ist, läßt sich genauso auf dem Weg zu einer durch positives Denken geprägten Lebensführung gebrauchen und einsetzen.

Selbstmotivation und Freude am Beruf

Im Gegensatz zu den Vorbehalten gegenüber Gedankenspielen, die das Ziel haben, sich selbst zu animieren und in bessere Stimmung zu versetzen, plädiere ich dafür, daß die Fähigkeit, sich zu motivieren, zur Basisausstattung eines jeden werktätigen Menschen gehören sollte. Es dürfte wohl überflüssig sein zu erwähnen, daß damit nicht gemeint ist, ein unechtes »Grinsen« zu tragen. Und man soll auch nicht vorgeben, man sei »gut drauf«, wenn man innerlich betrübt ist. Sich täglich- oder nach Bedarf- motivieren zu können, bedeutet hier, daß wir der in vielen Unternehmen vorherrschenden »Umsatz-Umsatz-Mentalität« eine in uns selbst erzeugte Positivität entgegensetzen können – einen *weichen Faktor*, der das harte Licht des Arbeitstages angenehmer wirken

läßt. Schließlich haben wir zum Ziel, den Anforderungen gerecht
zu werden, die Aufgaben zu bewältigen, die Probleme zu lösen,
doch bei alledem nicht aus den Augen zu verlieren, daß jeder Arbeitstag ein Tag in unserem Leben ist und daher auch Freude bringen sollte. Denn wenn der Tag in Büro oder Fabrik keine Freude
mehr enthält, entwickelt sich auf die Dauer eine unglückliche Beziehung zum Beruf und, wie schon erwähnt, nicht selten ebenso
zu sich selbst.

Was ist also dagegen einzuwenden, wenn wir uns von Stund
an eine Positivität aneignen, die uns darin unterstützt, den Blick
für die Erfreulichkeiten des Tages zu behalten und dadurch
auf »Negativisten«, denen man im Beruf oft begegnet, mit etwas
mehr Gelassenheit und Milde zu reagieren? Außerdem behandeln
Menschen, die sich motivieren können, sich selbst souveräner
und sind dem Leistungsanspruch, der im Alltag an sie gestellt
wird, weniger ausgeliefert, weil sie sich innerlich damit stärken,
sich selbst einen schönen Tag zu wünschen. Und das läßt sich er-
lernen.

Unbestreitbar tritt im Berufsleben manches auf, das durch
Selbstmotivation nicht in freundlicherem Licht erscheint. Ehe wir
dazu kommen, sei zunächst anhand des folgenden Beispiels gezeigt, was sich mit Selbstmotivation erreichen und wie der Alltag
sich damit versüßen läßt, auch wenn die Tätigkeit, die man aus-
übt, nicht gerade »das Gelbe vom Ei« ist.

Mitten im Zentrum von Köln befindet sich ein kleines, un-
scheinbares Postamt. Obwohl in der Nähe andere, größere Post-
ämter stehen, in denen der Kunde in aller Regel wesentlich rascher
abgefertigt wird, gehen die, die es wissen, hierhin, um ihre Angelegenheiten zu erledigen. So geschieht es, daß sich an manchen
Tagen Warteschlangen bilden, die bis zum Eingang reichen –
hauptsächlich vor einem einzigen Schalter. Dort sitzt nämlich
ein recht lebhafter Beamter. Für jeden, sei es die alte Dame, die
ihr Kleingeld nicht findet, der ausländische Gast, der sein Paket
falsch beschriftet hat, oder die Geschäftsfrau, die Massensendun-
gen hier abgibt, hat er ein munteres Wort. Er verbreitet sofort eine

heitere Atmosphäre. Ich komme selbst gelegentlich dorthin und habe schon mehrfach beobachtet, daß diejenigen, die dieses Postamt zum ersten Mal betreten, sichtlich verwirrt sind. Ihr Gesicht zeigt, daß sie überlegen, ob dieser Schalterbeamte nicht ein bißchen verrückt sei – warum sollte er wohl sonst ständig lachen und scherzen, während er die Kunden bedient? Ich habe ihn gefragt, und er verriet mir sein Lebensmotto: »Lieber ein bunter Hund als eine graue Maus.« Mit dieser Losung, erzählte er, falle es ihm leichter, dieser Tätigkeit nachzugehen. Denn eigentlich sei er für den Beruf des Postbeamten überqualifiziert. Er besitzt ein abgeschlossenes Hochschulstudium, fand im Anschluß daran aber keine Anstellung. Damals, als seine Frau ein Kind bekam und nicht mehr arbeiten konnte, brauchte er eilig einen Job und landete bei der Post. »Erst sollte es nur vorübergehend sein. Inzwischen sind es bald zwanzig Dienstjahre«, berichtete er. »Ich bin ein ›Das-Glas-ist-halb-voll-Typ‹, deshalb bin ich wohl geblieben. Es ist, weiß Gott, nicht der Traumberuf. Doch irgendwann habe ich mir gesagt: Versuche das Beste daraus zu machen. Das war der Tag, an dem ich angefangen habe, mir die positiven Aspekte dieser Tätigkeit klarzulegen. Und diese sind: Ich habe mit Menschen zu tun, bin in einem netten Kollegenteam, bekomme krisensicheres Geld. Was mir am meisten Vergnügen bereitet, ist, die Leute aufzumuntern. Viele treten mit eisiger Miene an die Trennscheibe heran, möchten rasch zehn Briefmarken oder Geld vom Konto abheben und sind mit sich selbst beschäftigt. Doch wenn ich sie humorvoll anspreche, beginnen die meisten zu lächeln, manche bringe ich zum Lachen. Im Idealfall lassen sich andere Kunden davon anstecken. Du liebe Güte, dann herrscht hier plötzlich eine richtig lockere Stimmung, und wildfremde Menschen kommen mir nichts, dir nichts miteinander ins Gespräch. Das gefällt mir. Denn diese Rolle entspricht auch privat meinem Wesen. Auf diese Weise gewinne ich meiner Tätigkeit eine Seite ab, bei der ich ganz ich selbst sein darf. Ich muß mich nicht verstellen. Und das ist etwas, das mir persönlich sehr wichtig ist und mich wieder motiviert, wenn ich einmal keine Lust habe zu arbeiten.«

Ob über kommunikatives Auftreten, Hilfsbereitschaft, Humor, Herzlichkeit – Ihre individuelle Persönlichkeit sollte, ob Sie nun im Anzug oder Overall im Licht des Arbeitstages stehen, in Erscheinung treten dürfen. Das ist ein Faktor, der erheblich motivierend wirkt. Auf der Suche nach den tieferen Ursachen für die Tatsache, daß heute so viele Menschen ihr Berufsleben voller Unlust betrachten, stoße ich allseits auf eine Unterschätzung des Faktors der *Persönlichkeitsentfaltung*. Viele haben außer dem Gehalt keinen weiteren Antrieb mehr. Es verwundert also nicht, daß sie ihren Arbeitsalltag nur noch als Tretmühle erleben. Natürlich ist das Geld, das wir verdienen müssen, der Hauptgrund dafür, daß wir morgens nicht im Bett bleiben und dem Müßiggang frönen.

Jeder muß selbst entscheiden, welche Prioritäten er im Leben setzt. Wem das Geldverdienen die primäre Freude bedeutet, sei es unbenommen. Und manch einer von uns hat vielleicht seinen Traumjob einem Kompromiß opfern müssen, um sich finanziell freier bewegen zu können. Aber diese Realität hat zwei Gesichter. Denn um wirtschaftlich besser situiert zu sein, muß oft einiges in Kauf genommen werden. Wir bewältigen unseren Alltag, ziehen die Kinder groß, erfüllen unsere beruflichen Aufgaben und haben uns irgendwann mit vielem abgefunden. Und das ist gut so, solange wir damit zufrieden sind. Dennoch sollte uns noch etwas anderes geblieben sein als die bloße Motivation durch den Verdienst. Denn eines bleibt zu bedenken: Wer sich im Beruf täglich »gegen den Strich bürsten« muß, weil er in seiner Beschäftigung außer dem materiellen keinen anderen Anreiz mehr findet, hat wenig Chancen, ein lebenslustiger Mensch zu werden.

Und eigentümlicherweise stellen wir von dem Moment an, an dem wir beginnen, tiefer darüber nachzudenken, fest, wie oft wir nur dem Geld den Vorrang geben und wie selten der Verwirklichung dessen, was in uns selbst als Stärke verankert liegt. Daher möchte ich Sie dazu anregen, gleich zu überlegen, welche sympathische Seite Ihr Beruf beziehungsweise Ihre Tätigkeit hat. Ist diese Seite noch vorhanden? Oder arbeiten Sie nur für das monatliche Gehalt? Formulieren Sie für sich einmal neu, was Sie an Ihrer Aufgabe mögen. Zählen Sie, auf der Suche nach mehr Lebensfreude im Berufsalltag, die positiven Aspekte auf, die Ihnen an einem gewöhnlichen Tag begegnen. Freilich, manchmal braucht man etwas guten Willen, diese sympathische Seite für sich wiederzuentdecken, vor allem, wenn die Anforderungen hoch sind. Deswegen sei ein kleiner Kniff angewandt: Denken Sie an Ihre Jugend. In welcher Rolle haben Sie sich damals am wohlsten gefühlt? Oder was konnten Sie am besten? Überlegen Sie, wann Sie zum ersten und wann zum wiederholten Male zugestimmt haben, sich in bezug auf Ihre wahren Interessen zurückzustellen. Denn das heißt, daß Sie Ihre eigentlichen Qualitäten und das, was Sie am liebsten und am besten durchführen, als zweitrangig eingestuft haben. Wenn Sie die Fragen für sich beantwortet haben, vergleichen Sie die Ergebnisse mit der gegenwärtigen Situation und damit, wieviel Sie davon noch zum Ausdruck bringen können. So kommt es an den Tag. Wie sieht es aus? Erkennen Sie sich ebenfalls als einen »Das-Glas-ist-halb-voll-Typ«, ähnlich wie jener Postangestellte, der sich innerhalb seiner Tätigkeit eine Nische geschaffen hat, in der er seine private Persönlichkeit ausleben kann und durch die er in der glücklichen Lage ist, sein Inneres im Beruf nicht verleugnen zu müssen? Oder würden Sie dazu tendieren, sich im Hinblick auf die berufliche Motivation – möglichenfalls nur vorübergehend – als ein »Das-Glas-ist-halb-leer-Typ« zu bezeichnen? In diesem Fall ist zu sagen: Werden Sie sich dessen bewußt, daß Sie auch im Arbeitsalltag das Zepter fester in die Hand nehmen können. Denn hier finden sich mehr Möglichkeiten, als man denkt, für sich selbst etwas zu verändern und das Lebensgefühl vorteilhaft zu beeinflussen. Erinnern wir uns an den Vorschlag, die angestammte Rolle zu überdenken, eine andere Rolle zu übernehmen, im Leben mehr Regie zu führen.

Eigentlich wissen wir genau, was uns guttut, was wichtig und richtig für uns ist und was uns motiviert – nur handeln wir oft gegenteilig. Kristallisieren Sie es daher noch einmal für sich heraus und denken Sie darüber nach, wo Ihre Stärken liegen, wo Ihre Talente und welche Ihre größten Interessen sind. Denn das Selbst-

bild verfälscht sich im Laufe der Jahre. Wir wissen oft gar nicht
mehr recht, was in uns steckt. Es »hervorzukramen« heißt, wieder einen Blick dafür zu bekommen, wie Sie Ihren Berufsalltag
freudig zu beleben und wodurch Sie sich selbst neu zu motivieren
vermögen. Plötzlich stellen Sie fest: »Ach, ich könnte mal wieder
das oder jenes versuchen, hierauf etwas mehr Wert legen und mich
etwas mehr darauf konzentrieren. Denn das hat mir eigentlich immer viel Vergnügen bereitet, nur habe ich es in letzter Zeit
irgendwie aus den Augen verloren.«

Einige Beispiele für Argumente und Überlegungen, die Sie
motivieren, lauten etwa so: »Ich kann mich darauf besinnen, daß
ich im Vergleich zu anderen Arbeitnehmern jeden Tag etwas Neues
beginnen kann und meine Tätigkeit nie langweilig ist – das motiviert. Ich kann mir vor Augen führen, daß ich eine qualitätsvolle
Arbeit leiste beziehungsweise an der Herstellung sinnvoller Produkte mitwirke – das motiviert. Ich kann den Gedanken hoch-
schätzen, daß ich von den Menschen, mit denen ich zusammenar-
beite, belohnt werde – beispielsweise durch ihre Aufmerksamkeit,
ihren Dank, ihre lobende Rückmeldung. Und sollte dies derzeit
nicht so sein, so kann ich wieder dafür sorgen, daß es so wird, denn
ein positives Feedback – das motiviert. Ich vermag mich darauf zu
konditionieren, Chancen schneller wahrzunehmen, mir neue Ziele
zu setzen, interessantere Aufgaben zu übernehmen und nicht immer nur den Weg des geringsten Widerstandes zu gehen – das motiviert. Ich kann mich um liebenswürdige Kollegen kümmern, ihnen ab und zu eine kleine Aufmerksamkeit schenken, Erfolge mit
ihnen gemeinsam feiern oder mit anpacken, wenn es nötig ist, denn
der menschliche Sympathiefaktor – der motiviert. Ich kann trainieren, mich mental aus der Anspannung herauszulösen, indem
ich im schlimmsten Moment kurz innehalte und mir sage: ›Der
Tag ist zu schade, um ihn mir verleiden zulassen‹; oder: ›Komm,
nimm alles ein bißchen weniger ernst, dann läuft es doch genauso
gut und du lebst länger.‹ Denn gegen den Streß, jene Seuche unseres Jahrhunderts, hilft nur eine positive Sichtweise – und die motiviert.«

Wenn Sie selbstkritisch analysieren, wie sich zu dem, was Sie am Arbeitsplatz erleben, ein freudvoller Bezug herstellen läßt, sollten Sie also nicht vergessen, auch in sich selbst hineinzuschauen, um zu untersuchen, welche Saiten Ihrer Persönlichkeit Sie wieder mehr zum Klingen bringen können. Denn was nützt das hohe Einkommen, wenn sich die Falten um den Mund von Tag zu Tag tiefer eingraben, weil wir unserer Tätigkeit immer weniger abgewinnen und innerlich gekündigt haben? Überlegen Sie, welche *Gestaltungsmöglichkeit von innen her* Sie noch nicht ausgeschöpft haben, gelangen Sie wahrscheinlich zu dem Schluß: Am Ende »rechnet es sich« doch. Und Sie beginnen morgen früh Ihre Aufgabe mit einer Idee, wie Sie dem Druck und dem Einerlei durch den Einsatz des weichen Faktors etwas Sympathisches entlocken können. Damit haben Sie die Chancen, die über den Ansatz der Selbstmotivation zu einer Verbesserung des Befindens im Arbeitsalltag beitragen können, erkannt und genutzt. Sollte es allerdings bereits so weit gekommen sein, daß Ihnen zu diesem Thema gar nichts Konstruktives mehr einfallen will, rate ich Ihnen zu einem Szenenwechsel.

Eigenverantwortung – handeln statt dulden

Wer wüßte nicht, wie schwer es ist, die tägliche Wirklichkeit am Arbeitsplatz durch einen »Weichzeichner« zu betrachten, wenn die Atmosphäre in der Firma vergiftet ist? Die Zahl derer, die potentiell davon betroffen sind, ist erfahrungsgemäß hoch. Und es mehren sich die Stimmen von berufstätigen Frauen und Männern, die über Firmen klagen, in denen ein gegnerisches Betriebsklima herrscht. In einzelnen Unternehmen ist das Klima am Arbeitsplatz nachweislich feindselig, und Kollegenhetze, sexuelle Belästigung oder Schikane sind an der Tagesordnung. Freilich haben solche Verhältnisse eine hohe Unzufriedenheit zur Folge. Bei nicht wenigen Beschäftigten führt dieser tägliche Reibungsfaktor mit der Zeit zu manchmal schwerwiegenden seelischen und körperlichen Streßreaktionen. Besonders dort, wo Arbeitgeber es dulden, daß einzelne, erklärterweise »unpassend« gewordene Kolleginnen oder Kollegen durch Intrigen am Arbeitsplatz genötigt werden, den Platz zu räumen, damit »passende« Mitarbeiter deren Kompetenzen übernehmen können, werden Menschen geschädigt. Zum Glück findet man dies nicht überall, und viele Unternehmen eignen sich allein von der Struktur her nicht dazu. Trotzdem haben viele Angestellte schon das beklemmende Gefühl erlebt, ignoriert oder schikaniert zu werden, weil »liebe« Kollegen böse Gerüchte verbreitet haben. Allgemein werden uns die Illusionen genommen, denn der Nährboden für ein härter werdendes Konkurrenzdenken ist bereitet, weil die guten Stellungen und Aufstiegschancen nicht mehr so breit gestreut sind wie früher. Trotzdem bleibt zu fragen, ob wir heute nicht zuweilen die Orientierung verloren haben, wenn wir glauben, uns in einem Arbeitsklima längerfristig aufhalten zu müssen, in dem Heimtücke an der Tagesordnung ist. Für eine positive Lebenshaltung ist dies eine denkbar schlechte Voraussetzung – darauf kann, selbst beim besten Willen, kein Optimismus gedeihen. Denn Jahr für Jahr in einem schlechten Betriebsklima auszuharren, kann schließlich dazu führen, daß man eines Tages selbst zum Negativisten und Zyniker wird, der von seinen Mitmenschen nur noch Schlechtes erwartet und für die Welt nur noch Spott übrig hat.

Vergessen wir doch nicht: Wir leben trotz alledem in einer so interessanten Zeit. Uns stehen in Hinsicht auf Weiterbildung und beruflichen Neubeginn viele Möglichkeiten offen. Wir brauchen nur einmal über den Zaun zu sehen, dann erspähen wir, welche Chancen wir haben, uns beruflich dem zu nähern, was uns entspricht. Wir sollten diese Chancen nutzen, dürfen uns von den wirtschaftlichen Veränderungen nicht abschrecken lassen. Vielmehr sollten wir versuchen, uns mit zu verändern. Denn nur mit dem Mut zur Veränderung bleiben wir innerlich beweglich. Und wenn es sein muß, können wir unsere Arbeitskraft eben auch anderswo verkaufen – dort, wo es menschenfreundlicher zugeht und wir einen liebenswerteren Stil vorfinden, einander zu begegnen. Dieser Denk- und Handlungsansatz ist als Orientierungshilfe gedacht, um sich im Arbeitsleben *nicht zum Opfer* degradieren zu lassen, sondern mehr den eigenen Stärken zu vertrauen und sich seiner *Möglichkeiten als Akteur, als Handelnder* bewußt zu werden.

Denn das wahre Problem ist nicht, daß unsere moderne Leistungsgesellschaft auch solche Unternehmen beherbergt, in denen ein schlechtes psychosoziales Klima herrscht. Neid und Bosheit, Klatsch und Tratsch bestanden schon immer und werden im Bereich des Menschen wohl auch immer bestehen. Das eigentliche Problem scheint eher darin zu liegen, daß viele Menschen zu mutlos geworden sind, um gewohnte Bahnen zu verlassen, und sich damit abgefunden haben, mit ständigem Unbehagen an ihren Arbeitsplatz zu gehen. Nicht wenige zahlen einen hohen Preis dafür. Es macht betroffen zu hören, wie viele Frauen und Männer sich mit Angstattacken, Depressionen und Magengeschwüren herumquälen, weil sie seit Jahren ein virulentes Arbeitsklima zu ertragen suchen. Noch bedrückender ist, daß nur wenige, die unter den Folgen psychischer Belastung am Arbeitsplatz zu leiden haben, bisher ernsthaft daran dachten, etwas zu ändern. Also wird tapfer ausgeharrt, obwohl der negative Einfluß spürbar zunimmt. Diese Menschen sind über ihren Chef, über die Kunden, über die Kollegen, die ihnen das Leben erschweren, und über die schlechte Firmenphilosophie ungehalten, und doch haben sie die Rolle des Opfers längst akzeptiert. Nur beleidigt zu sein ist aber keine gute Strategie. Es ist ein Relikt aus Kindertagen, stammt aus Zeiten, in denen man sich nicht anders zu helfen wußte. Als Erwachsene kommen wir damit nicht weiter. Niemand schenkt uns deswegen mehr Anteilnahme oder Streicheleinheiten – wie seinerzeit als Kind. Im Gegenteil, damit senden wir *Opfersignale* an Mitarbeiter und Vorgesetzte und bringen übelwollende Zeitgenossen erst auf die Idee, in uns einen Menschen zu sehen, dem man ja einiges zumuten kann. Lassen Sie das nicht zu, denn so wächst man immer tiefer in die Opferrolle hinein und richtet, ungewollt und unbemerkt, irgendwann sein gesamtes Verhalten darauf aus, bis man es, sich schließlich nicht mehr anders vorstellen kann. Besser ist es, umzudenken und sich in die Rolle des »Machers« einzuarbeiten.

Wer seine Eigenverantwortung abgibt, durch Ausflüchte ersetzt oder ständig Menschen, Zwänge und Gegebenheiten als für seine Lage verantwortlich sieht, sollte sich rechtzeitig fragen, ob er die Rolle des Opfers nicht sogar selbst angenommen hat. Denn es gilt zu erkennen, daß jeder für sich selbst und für sein Leben, für das, was er ausführt oder läßt und was er zuläßt, am Ende allein die Verantwortung trägt – auch im Berufsleben.

Ich will Ihnen keineswegs die Stimmung verderben. Aber es ist besser, jetzt über die eigene Situation nachzudenken, als erst dann, wenn wir bereits die »Magenoperation auf Zimmer 23« geworden sind.

Jeder Tag länger an einem Arbeitsplatz mit destruktivem Klima bedeutet, wieder einen Tag zu verlieren. Denken Sie nicht: »Was soll's? Wenn ich erst fünfundsechzig bin, dann fange ich an, so zu leben, wie ich möchte, dann verwirkliche ich meine Träume.« Verschieben Sie Ihr Leben nicht auf das Rentenalter, denn es kann sein, daß Sie dann etwa gesundheitlich nicht mehr beweglich und belastbar genug sind. Die Statistik zeigt, daß viele Menschen in ein tiefes Loch fallen, wenn das Arbeitsleben zu Ende ist. Sie meinen, sie seien »nichts mehr wert«, und haben keine Kraft mehr, ihre Vorstellungen und Sehnsüchte von einem besseren Leben in die Tat umzusetzen. Und besonders jenen, die sich im Arbeitsalltag mit dem Aufschieben auf die Zeit des Ruhestands jahrelang über Wasser gehalten und nicht beizeiten geübt haben, ihren Wünschen nachzugehen, gelingt es an ihrem Lebensabend um so weniger.

Prüfen Sie daher: »Welche Ziele habe ich im Leben?«, »Was geht momentan vor sich?« Und wenn Sie erkennen, daß Sie unter Ihrem Alltag leiden, weil Sie dort, wo Sie arbeiten, einem hohen psychischen Druck ausgeliefert sind, sollten Sie nicht zögern, sondern lieber heute als morgen versuchen, das Ruder wieder selbst in die Hand zu nehmen. Sonst besteht die Gefahr, daß Sie Ihren

Traum von einem freudenreichen Leben gänzlich einem Arbeitsalltag opfern, der Ihnen »als Dank dafür« nur Verdruß bereitet.

Was ist zu tun? Sagen Sie sich: »Ich eigne mich nicht zum Opfer, denn ich bin selbst eine starke und positive Persönlichkeit.«
Übernehmen Sie die Rolle des »Machers«. Lassen Sie Ihr Leben
wieder zu einem Abenteuer werden, wagen Sie sich zu neuen Ufern.
Auch im Arbeitsalltag können Sie derjenige sein, der bestimmt,
wohin die Reise geht. Das heißt: Hören Sie nicht auf, sich nach einer Tätigkeit umzusehen, die Ihnen entspricht und Vergnügen bereitet. Haben Sie Geduld und seien Sie zuversichtlich, Sie werden
sie finden. Geben Sie nicht auf, lassen Sie den Mut nicht sinken –
auch dann nicht, wenn Sie als Frau mit Doppelbelastung manchmal nicht mehr wissen, wie Sie den Ansprüchen von Beruf, Karriere, Mann und Kindern gerecht werden können, oder wenn die
Verantwortung als Familienvater und einzigem Ernährer auf Ihren
Schultern lastet. Resignieren Sie nicht, wenn Sie arbeitslos geworden sind, Ihr Schiff zur Zeit auf dem Trockenen liegt und Sie
sich gänzlich verlassen fühlen.

Hüten Sie sich vor allem vor Gedanken wie: »Ich kann das
nicht«; »Das machen die anderen doch auch nicht«; »Das wurde
doch schon immer so gehandhabt.« Solche Gedanken sind ge-
fährliche *Denkfallen*, deren einzige Absicht es ist, Sie da festzuhalten, wo Sie zur Zeit stehen, selbst wenn das für Sie einen Nachteil
oder Ihr Unglück bedeuten würde. Deshalb seien Sie vorsichtig.
Denn wer sich aus Denkfallen nicht befreien kann, für den ändert
sich nichts. Räumen Sie also zuerst die Begrenzungen im eigenen
Kopf zur Seite und trauen Sie sich mehr zu. Und seien Sie konsequent darin. Nehmen Sie lieber die Stellung im Reisebüro an, wenn
sie Ihnen mehr Freude verspricht, als den Job in der Bank, von
dem Sie wissen, daß dort ein »Jeder-gegen-jeden-Klima« besteht
– auch wenn Sie dafür auf etwas Prestige verzichten müßten. Denken Sie lieber daran, was Sie dafür an Substantiellem erhalten: mehr
Schwung, mehr Lebensfreude, mehr von dem befriedigenden Gefühl, daß Arbeit und Leben eins sind und das eine das andere be-
fruchtet. So kann »weniger« doch manchmal »mehr« sein.

Ist das zu einfach gedacht? Wohl nicht, denn es läßt sich immer wieder beobachten: Eine interessante Tätigkeit in annehmbarer Umgebung strahlt positiv in alles Private hinein – in die Partnerschaft, in das Familienleben, den Umgang mit anderen Menschen, Begegnungen, Kontakte, Beziehungen. Selbst wenn gegebenenfalls ein geringeres Gehalt in Kauf genommen wird, das ohnmächtige Gefühl jedoch, vom Berufsalltag gebeutelt zu werden, verschwindet.

Es lohnt sich also, sich der kleinen Mühe zu unterziehen, neben der Selbstmotivation über die Eigenverantwortung nachzudenken. Damit spannen Sie sich gewissermaßen ein Sicherheitsnetz für die unvorhersehbaren Fälle im Leben. Denn davon treten manchmal mehr ein, als uns lieb ist.

Wenn Sie sich darüber im klaren sind, daß jeder Tag eine neue Chance bedeutet, selbst zu Ihrem Lebensglück beizutragen, meistern Sie auch schwierige Zeiten. Ein Optimist »fällt« immer wieder »auf die Füße«. Oft hilft es, für Unvorhergesehenes, Neues im Leben seine eigenen Formeln bereitzuhalten. Eine meiner Lieblingsregeln will ich Ihnen gern verraten:

Es ist ein amerikanisches Sprichwort, das die Essenz vieler Möglichkeiten der Betrachtung und Bewältigung des Lebens einfach und kurz ausdrückt. Vielleicht dient es Ihnen für den weiteren Verlauf des Berufslebens – Ihres Lebens überhaupt –, so wie es mir als kleine stabilisierende Lebensregel schon des öfteren gedient hat. Es lautet: *»Love it, change it or leave it.«*

Ich lerne daraus: »Liebe« dein Leben, oder »ändere« es, indem du versuchst, zu einer Situation eine andere Einstellung zu gewinnen, durch dich selbst, deine innere Stärke und Selbstmotivation. Oder, wenn das nicht mehr gelingt, »gehe weg« von dem, was dich nur unglücklich macht, und versuche von vorne anzufangen, auch wenn es ein Wagnis ist. Denn »du allein« trägt die Verantwortung deinem Leben gegenüber, nicht die Gesellschaft, nicht die Firmenchefs oder die Politiker. Und es ist »deine Zeit«, die gegenwärtig stattfindet. Deshalb sage nicht: »Ich bin ein Pechvogel«, denn das ist zu bequem. Sage lieber: »Stirb nicht, bevor du etwas aus dir gemacht hast.«

In diesem Sinne gilt der Rat: Schieben Sie nichts auf. Fangen Sie am besten heute noch an. Machen Sie sich selbst zu einem heiteren und zufriedenen Menschen, im beruflichen wie im privaten Bereich.

Sie sind das, was Sie selbst aus sich machen

Was wäre das Leben ohne Erinnerung, ohne die Bilder aus verflossenen Tagen! Gerne denken wir an den Morgen unseres Lebens, die Kindheit, behütet im Schoß der Eltern und Geschwister, an die verliebten Jahre zu zweit, die Jahre mit gütigen Freunden, die aufregenden Jahre, die friedvollen Jahre, die besten Jahre. Der Glanz, in dem schöne Erinnerungen erstrahlen, verleiht uns ein sonniges Gemüt. Am Abend unseres Lebens ist er dann das Leuchten, das unser Herz wärmt.

Ganz anders sieht es aus, wenn schlechte Erfahrungen statt der guten im Vordergrund stehen – eine schwere Kindheit, verlassen worden zu sein, einen Menschen verloren zu haben, enttäuschte Hoffnungen, Niederlagen, Unglücksfälle. Wen die Erinnerung an ein Gestern nicht losläßt, in dem er Kränkung und Schmach, Not und Leid erdulden mußte, dem fällt es nicht immer leicht, dem Heute gegenüber aufgeschlossen zu sein. Es beeinträchtigt ihn, verfolgt ihn in Gedanken und im Traum. Und auch mit dem Älterwerden gelingt es oft nicht, die stechenden Erinnerungssplitter aus dem Gedächtnis zu entfernen und sich mit dem Leben auszusöhnen. Manch einer bleibt zeitlebens dem verhaftet, was ihm Übles widerfuhr, und wird darüber im Alter erst recht bitter.

Manchmal stimmt es mich nachdenklich, wie wenig Erlebnisse, durch die uns Schaden zugefügt wurde, im positiven Sinne dazu beigetragen haben, wissender zu werden. Freilich sind wir im Lauf der Zeit kritischer geworden. Wir wurden vorausschauender und haben gelernt, hinter die Kulissen zu sehen. Doch von allen unangenehmen oder leidvollen Erfahrungen ist auch etwas zurückgeblieben, das unsere Munterkeit gedämpft hat. Manche von uns

tragen davon eine kleine Narbe zurück, die an kritischen Tagen
noch ziept und zwickt. Anderen hat es eine tiefe Wunde geschlagen, die selbst nach Jahren noch nicht recht verheilt ist.

Aber zugleich drängt sich die Frage auf, ob es denn tatsächlich erstrebenswert wäre, im Leben nur gute Erfahrungen zu sammeln. Denn im Heute stehen wir als der Mensch, der wir geworden sind, mit allen Haken und Ösen, Prägungen und Besonder-
heiten, die zu uns gehören und die uns kennzeichnen. Und schon
begreifen wir, woran es uns mangeln würde: Wir hätten weniger
persönliche Substanz. Wir wären oberflächlicher im Empfinden
und Handeln. Wir besäßen kaum Verständnis dafür, was andere
Menschen bewegt, wären außerstande mitzufühlen. Unser Leben
trüge keine Spuren davon, das Vordergründige zu durchdringen
und dem eigentlichen Sinn unseres Daseins näherzukommen.
Denn umfangen von nur beglückenden Erinnerungen, könnten
wir sie wohl kaum entsprechend schätzen, da uns zu Vergleich und
Orientierung die unangenehmen Erinnerungen fehlten.

Ein gewisses Maß an schlechten Erfahrungen scheint für uns
Menschen unverzichtbar, gehört offenbar zu unserem Lernprozeß.
Doch so ganz wohl ist mir dabei nicht. Vielleicht ergeht es Ihnen
ähnlich: An manchen Tagen sehne ich mich heimlich zurück nach
der Zeit, in der das Leben noch von schmerzlichen Erfahrungen
frei war. Wie leicht fiel es, unbeschwert zu sein! Wie fremd waren
Hintergedanken! Um wieviel spontaner, um wieviel mutiger ging
man auf alles zu! An solchen Tagen wünscht man sich, kein »ge-
branntes Kind« zu sein. Man denkt darüber nach, wie schön es sein
könnte, wäre einem das eine oder andere erspart geblieben. Und
man stellt sich vielleicht vor: Mein Leben könnte so schön sein,
wenn der geliebte Mensch nicht so früh gestorben wäre. Um wieviel gelöster wäre ich ohne das Unrecht, das mir damals widerfahren ist. Wie angstfrei und beschwingt ginge ich durch meine
Lebenstage, könnte ich den freudlosen Bildern der Vergangenheit
für immer entfliehen.

Nun, nichts läßt sich ungeschehen machen. Wir vermögen unsere persönliche Geschichte nicht neu zu schreiben. Wir müssen

damit leben, was war. Und je nachdem, was uns im Leben begegnet, wird es uns einmal leichter, einmal schwerer fallen, denn wir sind selbst manchmal stark und manchmal schwach. Was wir aber erreichen können, ist, mit jedem neuen Tag zu sagen: »Ich will trotz allem froh sein«, und: »Jetzt erst recht!« Denn jeder Tag gibt uns die Chance, innerlich einen neuen Abschnitt zu beginnen und die übelwollenden Erinnerungsschienen zu verlassen. Dieses ist eine *weitere Stufe* auf der Treppe zu einem freudigen Grundgefühl im Alltag: unsere seelische Tätigkeit mehr zu beobachten, zu versuchen, sie zu dirigieren, und uns darin üben, über das negative Gestern hinwegzusehen – so wie wir am Neujahrstag das abgelebte Jahr hinter uns lassen und all unsere Hoffnungen und Wunschvorstellungen in das neue Jahr hineingeben.

Es kommt also darauf an, aus welchem *Zeitfenster* wir auf unser Leben schauen. Blicken wir ständig zurück und unternehmen nichts dagegen, daß sich unsere Innenwelt immer wieder mit betrüblichen Vorkommnissen von früher beschäftigt, dann bleiben wir in Gram und Kümmernis verstrickt. Und die Gegenwart zieht an uns vorbei, ohne daß wir sie je ganz auskosten konnten.

»Lerne zu vergessen, was nutzlos ist, und erinnere dich mit Liebe an alles Schöne«, schrieb der italienische Dichter FRANCESCO PETRARCA. Nehmen wir das ernst – und das würde uns helfen, denn es ist die einzige Möglichkeit, ein ungeliebtes Kapitel zuzuschlagen, die belastende Hypothek von gestern aufzulösen und glücklicher zu werden –, bedeutet es den Sprung in die Freiheit.

Stellen Sie sich also morgens vor den Spiegel, sehen Sie Ihr Dasein bewußt und denken Sie daran, daß Sie die Möglichkeit haben, sich mit beiden Beinen vom negativen Gestern abzustoßen und freizuschwimmen, indem Sie sich zurufen: »Ich will heute leben, nicht am Gestern kleben!« Sagen Sie sich: »Ich kann, auch wenn ich es in der Vergangenheit nicht leicht hatte, durch mein Denken mein Schicksal ändern.« Stellen Sie sich vor, jeder Tag sei ein Jour fixe in bezug auf Ihr Seelenleben, um das zu werden, was Sie immer schon gerne sein wollten. Denken Sie: »Auch wenn ich

im Gestern enttäuscht wurde, keine Eltern hatte oder niemand da
war, der mich liebte, auch wenn ich ausgenützt oder unterdrückt
wurde, wenn ich mich meiner Fehler und meines Versagens ge-
schämt habe – *jetzt* will ich mich nicht länger damit beschäftigen,
sondern nur noch nach vorne schauen, nicht mehr zurück.«

Die Rollen sind nun verteilt. Sie haben, so ist zu hoffen, eine
gute Wahl getroffen. Denn in wenigen Augenblicken kommt Ihr
Einsatz, Ihr »Auftritt« im Leben, mit allen kleineren und größeren Alltäglichkeiten, die unser Seelenleben beschäftigen. Sollte es
Ihnen noch schwerfallen, sich von der Erinnerung an ein negatives Gestern zu lösen, so versuchen Sie es mit den hier angeklun-
genen Beispielsätzen. Lernen Sie, Ihr Leben im Hier und Jetzt zu
genießen und alles abzugeben, was keine heilsame Erfahrung für
Sie bedeutete. Sie werden schnell bemerken, wie das Ihre Stimmung hebt. Und auf diese Weise sorgen Sie für eine Zukunft, in
der Sie sicherlich mehr Gutes als Schlechtes erfahren, von der Sie
schließlich rückblickend zehren können. Werfen Sie also Ballast
ab, jeden Tag. Und gehen Sie mit dem Mut zur Befreiung in Ihre
positive Zukunft.

Wenn Sie dies beherzigen, sind Sie von heute an gut gerüstet.
Und Sie haben innerlich mehr Spielraum gegenüber jenen Tagen
im Leben, an denen alles mißlingt.

Schlechte Tage? –
So bauen Sie sich wieder auf!

An manchen Tagen trifft alles zusammen. Der Auftakt: Sie kommen morgens zu spät ins Büro, weil Sie das Läuten des Weckers
überhört und verschlafen haben. Im Konferenzzimmer herrscht
»dicke Luft«. Ein wichtiger Auftrag droht zu platzen. Sie müssen
sich Vorwürfe anhören. Dann stehen Sie vor der Kaffeemaschine,
greifen zu einer Tasse und reißen dabei den ganzen Stapel Tassen
um. Alle Aufmerksamkeit richtet sich auf Sie. Seufzend fühlen Sie
sich genötigt, die Scherben vom Boden aufzulesen. Zwischenspiel:

Zu Mittag gehen Sie rasch einkaufen, schleppen die schweren Tüten, bis plötzlich eine davon zerreißt und die Milch am Boden zerrinnt. Am Abend fahren Sie mit dem Auto nach Hause und denken darüber nach, was noch zu erledigen ist – zu spät sehen Sie das bremsende Fahrzeug vor Ihnen, Blechschaden, Streitgespräch. Das Finale: Niedergeschlagen und müde kommen Sie schließlich nach Hause. Ihre »bessere Hälfte« sitzt mit übellauniger Miene und aufgestützten Ellbogen am festlich gedeckten Tisch. Sie sehen die heruntergebrannten Kerzen, die erkalteten Speisen und auch, mit wieviel Liebe alles vorbereitet war. In diesem Moment fällt es Ihnen siedendheiß wieder ein: »Da war doch noch was.« Sie wollten miteinander feiern. Und Sie? Sie haben es vergessen. Die Stimmung ist schlecht, der Abend »gelaufen«. Man denkt nur noch eines: »Den Tag hätte ich mir ersparen können!«

Kehren wir zu der uralten Wahrheit zurück: Wir wissen erst, wie schön sonnige Tage sind, wenn es ab und zu einmal regnet. Ähnliches gilt für Gesundsein und Kranksein. Wenn unser Körper störungsfrei arbeitet, verschwenden wir keinen Gedanken daran. Es ist selbstverständlich, zu atmen, alles essen zu können, was uns schmeckt, uns bewegen zu können. Erst wenn wir uns den Magen verdorben, Zahnschmerzen oder beim Sport den Fuß verstaucht haben, wird uns wieder bewußt, wieviel uns die Gesundheit bedeutet und wie herrlich es ist, wenn kein Schmerz und kein Unwohlsein uns plagen.

Mit dem, was wir »Optimismus« und »Pessimismus« nennen, verhält es sich nicht anders. Wenn wir uns in einem Tief befinden und wir nur noch das Negative sehen, gäben wir alles dafür, möglichst schnell aus der Talsohle herauszugelangen. Wenn hingegen die Sonne lacht, wir Urlaub haben und Sorgen und Probleme weit entfernt sind, fällt es uns nicht schwer, guter Stimmung zu bleiben. Dann ist wohl jeder ein Optimist. Wir denken nicht daran, daß es anders sein könnte, wenn alles wunschgemäß verläuft. Besonders an Tagen aber, an denen nichts gelingt, wie wir es uns vorstellen, fragen wir uns zuweilen ermattet: »Warum immer ich?« und fühlen uns vom Leben ungerecht behandelt. Am Ende eines

solchen »Pannentages« sinkt unser Stimmungsbarometer leicht
gegen Null und wir wirken gramgebeugt wie ein Pessimist.

Wir haben zuvor schon über diese Erfahrung gesprochen: Jeder Tag verläuft anders, einmal ohne alle Hindernisse, ein anderes
Mal bauen sich Hürden auf, obwohl wir den Tag in bester Absicht
begonnen haben und uns Mühe gaben. Bestimmt haben Sie auch
schon erlebt, daß manche Tage Begebenheiten mit sich bringen,
die selbst in einem Roman unglaubhaft wirkten. Wenn Sie sich
daran erinnern – oder zufällig gerade einen solchen Tag hinter sich
haben, so schaffen Sie Raum für den Optimismus.

Versuchen Sie zuerst Ihre Vorstellung von Optimismus zu erweitern. Sehen Sie darin mehr als nur jenen unbeschwerten Zustand, den wir erreichen, wenn wir im Garten oder am Meer in
einer Hängematte liegen, sorgenfrei und lächelnd, ein kühles Ge-
tränk in der Hand. Denn das können wir bestimmt alle, das muß
gewiß niemand mehr lernen. Sehen Sie daher den Urlaub nicht als
das Maß, an dem Sie sich an schlechten Tagen oder in Krisenzeiten als Zielvorstellung orientieren können. Betrachten Sie den Optimismus nicht nur als Überlebensprinzip, um sich in der Not
nicht aufzugeben und selbst dann noch zu glauben, daß alles wieder gut werde, wenn alle anderen nicht mehr damit rechnen. Begreifen Sie den Optimismus vielmehr als eine umfassende Lebenshaltung, die wir uns genausogut für den gewöhnlichen Alltag erarbeiten sollten. Ein Großteil unseres Lebens besteht aus
Alltag. Hier sind wir den häufigsten Angriffen auf unsere Lebensfreude ausgesetzt. Hier brauchen wir eine beträchtliche Por-
tion positives Denken, um unser Lebensgefühl vor Schaden zu bewahren. Nur was wir im Alltag beherrschen, beherrschen wir ganz.

Davor, daß schlechte Tage ab und zu vorkommen, können Sie
sich nicht schützen. Aber Sie können dazu übergehen, die Stufen,
die Sie auf den vergangenen Seiten innerlich hochgestiegen sind,
von nun an praktisch umzusetzen, sie auf konstruktive Weise ein-
zubringen.

Damit von einem Tag, an dem alles mißlang, kein pessimisti-
sches Unwohlsein zurückbleibt, sollten Sie *den schlechten Tag um-*

wandeln. Nehmen Sie die Tagesereignisse zum Anlaß, um genauer hinzusehen, was tatsächlich geschah. Auf den ersten Blick mag Ihnen nur Nachteiliges auffallen. Doch selbst hinter diesem Negativen kann Positives stehen, das es erst zu entdecken und zu erkennen gilt. Möglicherweise verbirgt sich dahinter eine hilfreiche Botschaft, die über das, was Ihnen heute geschah, in das Morgen hineinreicht. Verstehen Sie die Botschaft richtig, können Sie einen unangenehmen Tag sogar in einen *Bonustag* ummünzen.

Doch wie läßt sich eine solche Umwandlung beginnen? Setzen Sie sich entspannt in eine ruhige Ecke, oder laufen Sie mit dem Hund über die Felder, oder begeben Sie sich in die Küche, um sich »trotz allem« etwas besonders Schmackhaftes zuzubereiten. Betrachten Sie währenddessen die Vorkommnisse noch einmal, doch versuchen Sie innerlich weniger beteiligt und aufgebracht zu sein. Stellen Sie sich vor, Sie säßen in einem aufsteigenden Flugzeug und blickten von oben auf das Tagesgeschehen hinab. Fragen Sie sich: »Habe ich mich in letzter Zeit nicht genug um mich selbst gekümmert? Bin ich vielleicht nur noch blindlings durch das Leben gestolpert, und ging mir deshalb alles daneben? War da vielleicht ein Ereignis, bei dem ich mir nicht die Zeit nahm, es richtig zu verarbeiten? Habe ich während der vergangenen Tage vor lauter Arbeit gar nicht mehr recht darauf geachtet, was um mich herum geschah?« Nehmen Sie sich nun für den nächsten Tag etwas vor, das Sie während der vergangenen Wochen vernachlässigt haben, dem Sie aber so gerne wieder einmal nachgehen möchten – etwas, das Ihnen Freude bereitet und bei dem Sie sich wohl fühlen.

Wandeln Sie die Tageserlebnisse um, indem Sie sie nicht nur als »Pech« oder Ärgernis begreifen, sondern auch als einen Anstoß, sich dem eigenen Leben gegenüber wieder etwas aufgeweckter zu verhalten. Versuchen Sie einen schlechten Tag einmal von dieser Warte aus zu betrachten: Er ist lediglich ein Übergang und kommt zum Glück nicht oft vor. Durch das, was sich nicht fügen wollte, sollen wir wieder in die richtige Richtung gelenkt werden. Es ist, als hätte sich der Blickwinkel verschoben und würde so – auf mehr oder minder sanfte Weise – zurechtgerückt. Wir werden wieder auf eine Richtlinie eingestellt, von der aus es uns am nächsten Tag leichter fällt, an den Kleinigkeiten, die uns gelingen, mehr Gefallen zu finden als vorher. Mit einem »Pannentag« haben wir uns gewissermaßen eine Freikarte für das Gute erworben, das uns morgen widerfährt.

Nehmen Sie den Tag, wie er war. Lösen Sie sich von trübsinnigen Gedanken und bedrückenden Gefühlen und haken Sie ihn ab. Machen Sie es sich gemütlich und beginnen Sie sich schon jetzt auf den nächsten Tag zu freuen. Sagen Sie sich: »Ohne Niederlagen keine Erfolge«, »Morgen werde ich es meistern.« Oder stellen Sie sich vor: »Morgen will ich wieder eine weiße Leinwand sein, auf der ich ein neues Bild von mir entwerfe.« Beschließen Sie den Tag in dem Bewußtsein, morgen wieder von vorne beginnen zu können. So lassen Sie den Tag wirklich hinter sich – und laufen nicht Gefahr, ihn als eine Last mit sich herumzuschleppen, die Scherben von neuem aufzulesen. Und so bewahren Sie sich davor, daß jeder unangenehme Tag, den Sie erleben, Ihr Lebensgefühl beschwert.

Wenn Sie das Buch bis hierhin gelesen haben, sollten Sie es für heute aus der Hand legen. Schieben Sie eine kleine Ruhepause ein und denken Sie noch einmal über die vier Grundstufen nach, über die wir sprachen. Erst dann bitte ich Sie, das nachfolgende Optimistengedicht (mit ein wenig Abstand) zu lesen. Ich schrieb es vor Jahren einmal für mich selbst – nun möchte ich es an Sie weitergeben. Vielleicht lesen Sie es gleich morgen früh, möglicherweise beim Frühstück – denn es ist einfach und schnell gelesen. Nehmen Sie es gedanklich mit in den neuen Tag, für den ich Ihnen Gutes wünsche. Und beginnen Sie das Morgen mit den Worten: »Heute wird alles besser.«

Das Optimistengedicht

Das ist mein Tag

JEDEN TAG NEU ANFANGEN –
jeden Tag ein anderer sein.
Jeden Tag das Leben lieben,
immer optimistisch sein.

JEDEN TAG NEU ANFANGEN –
vorbei, vergessen, was geschah.
Was mich gestern traurig machte,
ist schon heute nicht mehr wahr.

JEDEN TAG NEU ANFANGEN –
ein neuer Tag bringt neues Glück.
An all das Schöne will ich denken
und der Welt ein Lächeln schenken.

JEDEN TAG NEU ANFANGEN –
nichts erzwingen, nichts erringen.
Was zu tun ist, will ich tun
und an Leichtigkeit gewinnen.

JEDEN TAG NEU ANFANGEN –
ohne Angst nach vorne schauen.
Ich will leben, lieben, lachen,
in mich selbst und Gott vertrauen.

JEDEN TAG NEU ANFANGEN –
mit neuen Plänen und Ideen.
Und wenn es noch November ist,
den nächsten Frühling vor mir sehen.

JEDEN TAG NEU ANFANGEN –
Tag für Tag mit frischem Mut.
Nur die Hoffnung nie aufgeben,
Stück für Stück wird alles gut.

JEDEN TAG NEU ANFANGEN –
jeden Tag ein anderer sein.
Jeden Tag das Leben lieben,
denn es ist kurz:

ES LOHNT NICHT, PESSIMIST ZU SEIN.

2
Ich unternehme immer den ersten Schritt

Bekennen Sie sich zu
einem neuen Menschentyp

O ja, während der vergangenen tausend Jahre hat der Mensch viel dazugelernt, aber eines weiß er immer noch nicht recht: weshalb er »menschenfreundlich« sein soll. Es gilt als nobles, in gewisser Hinsicht sogar naives Ideal, so etwas wie ein Philanthrop sein zu wollen. Denn wer gutmütig und gutherzig ist, wer sich den Mitmenschen gegenüber auffallend höflich und wohlwollend verhält, wird von den wenigen, die es zu schätzen wissen, zwar gemocht. Die anderen aber, die »große Masse«, belächelt ihn dafür, weil sie ihm mißtraut und dieses Verhalten als Schwäche, manchmal auch als Dummheit auslegt.

Die Bemühungen von offizieller Seite, wie die der Institutionen und Initiativen, die sich die Programmbotschaft von Humanität und Nächstenliebe auf ihre Fahne geschrieben haben, werden vom modernen Menschen gutgeheißen. Zu oft und allzu rücksichtslos wurden und werden in der Welt Menschenrecht und Menschenwürde mit Füßen getreten. Wir wollen das nicht mehr. Nichts rechtfertigt solches Verhalten von Menschen gegenüber Menschen, selbst ideologische oder religiöse »Gründe« nicht.

Beim Thema »Freundlichkeit im Alltag« jedoch scheiden sich die Geister. Mancher, der es ehrlich ausdrückt, mag meinen: »Was habe ich davon? Die anderen sind mir gegenüber auch nicht freundlich und zuvorkommend.« Vielleicht haben Sie ebenfalls schon so gedacht. Wahrscheinlich dachten Sie immer dann so darüber, wenn die Erfahrung im Alltag Sie lehrte, daß man sich gelegentlich »die Vorfahrt erzwingen« muß, um zum Zuge zu kommen und nicht überall der letzte zu sein. Und gewiß haben Sie sich an Tagen, an denen Ihnen schon am Morgen auf dem Weg zum Büro ein nettes Gesicht entgegenstrahlte, Sie anlächelte und Ihnen einen schönen Tag wünschte – oder an denen Ihnen ein Unbekannter Ihre wichtigste Tasche mit allen Papieren, Schlüsseln und Geldbörse unverhofft zurückgebracht hat, die Sie in der Eile im Geschäft liegen ließen–, gesagt: »Warum können nicht alle Leute so sein? Wie schön wäre es, wenn mehr von diesen etwas antiquiert wirkenden, menschenfreundlichen ›Typen‹ vorhanden wären!«

Mit diesem Gedanken stehen Sie nicht alleine. Immer mehr Menschen sind damit unzufrieden, daß unsere moderne Zeit sich durch so wenig Herzlichkeit und Hilfsbereitschaft darstellt. Ein Großteil unserer Mitbürger befindet sich auf dem »Egotrip« und bevorzugt das »Ellbogendenken«. Manch einer, den dies bislang störte, weiß sich inzwischen nicht mehr anders zu helfen, als im Alltagsleben – im Straßenverkehr, beim Einkauf, in öffentlichen Verkehrsmitteln, in Restaurants, Freizeitstätten und im Berufsleben – genauso frech und rücksichtslos aufzutreten wie jene, über die er sich früher geärgert hat. Und so ertappt man sich anfangs dabei, wie man sich über ein solches vermeintliches Erfolgserlebnis zu freuen beginnt. Wenig später aber entdeckt fast jeder, wie anstrengend es auf Dauer ist, sich auf diese Weise durch den Alltag zu kämpfen, wie sehr es ermüdet, weil die Psyche nicht ganz einverstanden damit ist, sondern es mehr oder minder zwanghaft geschieht. Vermutlich ist auch Ihnen das nicht ganz fremd. Vielleicht sehen Sie ebenfalls keinen Sinn darin, selbst freundlich zu sein, wenn die meisten es nicht sind.

Dieser Standpunkt drückt jedoch eines der größten Probleme in unserer Gesellschaft aus: Jeder wünscht sich im Grunde seines Herzens, daß alle liebenswürdiger und menschlicher miteinander umgingen. Aber kaum jemand wagt den ersten Schritt – aus Angst, mißverstanden zu werden. Und jeder fragt sich natürlich, welcher Art denn der Lohn sei, den er erhält, wenn er das Freundlichsein als erster zur Tugend werden läßt, obschon andere abweisend sind. Was ist der Gewinn? Was kann befriedigend daran sein, in einer Weise zu handeln, für die man Gefahr läuft, von seiner Umwelt schräg angesehen zu werden?

Sie erhalten durchaus eine Belohnung, wenn Sie aus Verdrossenheit über die allgemeine Unfreundlichkeit dazu übergehen, sie mit der eigenen Freundlichkeit zu bekämpfen. Auch hier erweist der Optimismus sich als eine verändernde Kraft, durch die Sie unangenehme Zustände für sich selbst zu verwandeln vermögen, indem Sie versuchen, die Situation im eigenen Umfeld zu verbessern. Zugegebenermaßen steht man als Optimist am Anfang immer ein bißchen »allein auf weiter Flur«. Doch entwickelt sich schnell die Gabe, Nebenstehende mit den eigenen Aktionen anzustecken. Das trägt zur Freude bei. Und Sie werden – auch dann, wenn Sie bemerken, daß andere Ihrem Beispiel nicht unmittelbar folgen – den Tag viel mehr genießen als früher. Sie werden erfahren, daß Ihnen Ihr Freundlichsein Selbstbestätigung gibt und das gute Gefühl, den eigenen Bedürfnissen zu entsprechen, anstatt sie wie bisher vielleicht zwanghaft zu unterdrücken, weil Sie fürchteten, von Ihrer Umwelt sonst benachteiligt zu werden. Sie werden beim Umgang mit Menschen unmittelbar davon profitieren, indem Sie mehr erfreuliche Begegnungen zu verzeichnen haben. Und was erlebt man Schöneres, als auf ein Lächeln zu stoßen, ein anerkennendes Wort zu hören, eine verständnisvolle Geste auszutauschen oder ein begrüßenswertes Gespräch zu führen. In diesen Momenten – wenn wir initiativ werden und nicht danach schielen, wie die anderen sich verhalten oder was sie möglicherweise dazu sagen – vermag jeder, der noch nicht gleichgültig ist, zu erahnen, wie leicht er sein Lebensgefühl im Alltag positiv beeinflussen kann.

Ein kurzer Abstecher zu den psychologischen Hintergründen läßt vielleicht nachvollziehen, warum wir uns heute oft einem Menschenbild gegenübersehen, das dem Freundlichkeitsdenken im Weg steht und daher neu hinterfragt werden sollte.

Der »Durchschnittsmensch« unserer Tage orientiert sich, wenn auch unbewußt, an Persönlichkeitsidealen, wie die Bilderwelten visueller Medien sie vorzeigen. Vor allem junge Leute, die gleichsam mit dem Fernsehen aufwachsen, suchen hier ihre Leitbilder und Vorbilder. Ein Persönlichkeitsideal, das sich hartnäckig hält, obschon es längst überholt ist, ist der aggressive Typus. Es ist die Menschendarstellung, die im Unterhaltungsprogramm der Fernsehkanäle prozentual am häufigsten vorkommt. Ziel ist es, mit dieser Figur an unsere Urinstinkte zu appellieren. Die Botschaft, die übermittelt werden soll, lautet: Wenn wir »cool« und »tough« auftreten, ein »Pokerface« aufsetzen und frech sind, setzen wir uns im Leben besser durch, als wenn wir rücksichtsvoll und umgänglich sind. Welche Auswirkungen diese Botschaft auf das alltägliche Zusammenleben hat, ist absehbar.

Denn unreflektiert wahrgenommen, dringen Verhaltensbilder wie dieses in alle unsere Lebensbereiche ein. Da sie uns Tag für Tag begegnen, vermögen sie auf alles Einfluß zu nehmen, ebenfalls auf die Art und Weise, wie wir mit Menschen umgehen, wie wir über bestimmte Menschen denken, welches Moralverständnis wir haben, an welche Werte wir glauben. Achten Sie einmal darauf: Besonders in den Bildern der Werbung ist die unterschwellige Botschaft häufig davon gefärbt, durch den Erwerb eines Produktes eher zu siegen, stärker zu sein, mehr Energie zu haben, gerissener, ausgekochter, schlauer zu sein, um dadurch mehr Glück beim weiblichen oder männlichen Geschlecht zu haben, im Beruf schneller die Karriereleiter hochzuklettern, ein höheres Ansehen zu erlangen, mehr Geld zu verdienen als andere. Um zu erreichen, daß wir auf diesen Handel eingehen, werden das jeweilige Duftwasser oder der Supertrank gern mit Darstellern verbunden, die vor Gesundheit strotzen, vor Kraft kaum gehen können oder so »lässig« in die Gegend blicken, daß man es ebenso »gefühlsarm« nennen könnte. Wer der Doppelbödigkeit der Werbebilder aus den Medien auf den Leim geht, der läßt sich nicht nur dazu hinreißen, Produkte zu kaufen, die er nicht braucht, sondern er läuft auch Gefahr, sich Verhaltensmuster anzueignen, die eine Rückkehr zu denen unserer frühesten Vorfahren bedeuten.

Nun mögen Sie sich vielleicht fragen: »Inwiefern sollten mich derartige Bilder tangieren?« Oder: »Bei mir dringt so etwas ins eine Ohr hinein und durch das andere hinaus.« Aber nichts von dem, was wir bewußt oder unbewußt wahrnehmen, geht verloren. Der Mensch ist ein »Augenwesen«. Bewegte Bilder ziehen seine Aufmerksamkeit an. Alles, was wir sehen, wird im Gehirn gespeichert. Ohne diese Anziehungskraft hätten die visuellen Medien nie so viel Raum in unserem Leben einnehmen können.

An diesem Punkt unserer kleinen Untersuchung überlegen Sie bitte, welches Menschenbild Ihnen persönlich gefällt und woher es stammt. Welche Bilder suchen Sie sich, um das eigene Verhalten daran im Alltag bemessen? Sollten Ihnen nicht sofort welche dazu einfallen, so benutzen Sie jetzt die Gelegenheit, um für sich selbst einen neuen Typus zu entwerfen. Denken Sie nicht, daß das schwierig sei. Sie brauchen nur bei dem anzusetzen, das Sie an unfreundlichen Zeitgenossen stört, und es ins Gegenteil umzuwandeln. Entspricht Rücksichtslosigkeit auch dem Zeitgeist, so lassen Sie sich nicht davon verunsichern. Wagen Sie Ihren eigenen Weg, wenn Ihnen die Art jener, die nur mit Rivalitätsdenken durch den Alltag gehen, nicht gefällt. Wagen Sie den ersten Schritt und bewegen Sie sich fortan konsequent in Richtung Freundlichkeit, denn nur das ist innovativ. Und falls Ihnen hier und da noch Menschen entgegenkommen, über die Sie sich entrüsten und die Sie provozieren, verdeutlichen Sie sich: Wer im Straßenverkehr oder bei anderen Gelegenheiten zu den rohen Sitten unserer Vorfahren zurückgekehrt ist, befindet sich auf dem Irrweg. Unfreundlichkeit, Aggressivität und Egozentrik gehören der Vergangenheit an.

Nicht dem grenzenlosen Optimismus und der Freundlichkeit um jeden Preis sei hier das Wort geredet. Das wäre ein Mißverständnis. Freundliches Verhalten muß echt sein, und Ihrem Bedürfnis muß es entsprechen. Ich will Sie auch nicht dazu animieren, die linke Wange hinzuhalten, wenn Ihnen jemand schon auf die rechte schlug. Doch jeden gelungenen Versuch, ein Lächeln in das mürrische Gesicht eines Mitmenschen zu zaubern oder durch das eigene Auftreten mehr Menschlichkeit zu verbreiten, sollten Sie als Sieg des »Prinzips Hoffnung« ansehen. Die anschließende *Smile-Strategie* mag Ihnen im Alltag dabei behilflich sein.

Die Smile-Strategie

Strategien sind Handlungskonzepte, die ein Ziel ansteuern und den Aspekt der inneren Überzeugung und Mitwirkung in sich tragen. Eine Strategie kann nur erfolgreich sein, wenn man vom Handeln überzeugt ist. Daher ist es sinnvoll, diese Strategie zu leben – immer, um mit ihr zu verwachsen. Dann ist sie kein Trick, keine aufgesetzte »Masche«, sondern wird zur Einstellung, die zum Ziel führt.

»Ich lache, denn Lachen ist Medizin«

Erleichtern Sie es sich doch. Um zu lachen, brauchen Sie bloß siebzehn kleine Muskeln Ihres Gesichts anzuspannen. Aber eine miesepetrige Miene strengt rund vierzig Muskeln um Augen, Mund und Nase vergeblich an. Denn was bewirkt sie? Nichts! Bauen Sie daher öfter auf Humor und setzen Sie ihn ein – auch in düsteren Augenblicken, wenn es kritisch wird und sich Spannungen ankündigen. Das Lachen, das Sie initiieren, ist das einfachste und wirkungsvollste Mittel, den eigenen aufkeimenden Groll aufzulösen, die Aggressivität anderer abzuschwächen und eine Brücke herzustellen, die das konstruktive Miteinander ermöglicht. Lachen ist außerdem gesund. Denn ein einziges Lachen vermag im Körper biochemische Vorgänge in Gang zu setzen, die für Herz und Kreislauf, den Blutdruck, die Psyche, das Immunsystem günstig sind. Es hilft erwiesenermaßen gegen Kopfschmerzen und Migräne, asthmatische Beschwerden, Rückenprobleme und vieles mehr. Ex-

perten empfehlen es sogar zur Stärkung der körpereigenen Krebs-
abwehr. Seien Sie also immer lachbereit. Lachen kann man trainieren. Wenden Sie es im Alltag an, indem Sie mindestens

- *einmal täglich* über sich selbst lachen; das befreit, man nimmt
  sich selbst nicht mehr so wichtig, und große Sorgen erscheinen dadurch viel kleiner;
- *einmal täglich* bei passender Gelegenheit einen Witz oder eine
  vergnügliche Anekdote erzählen; das vermag die Atmosphäre
  aufzulockern und kann manche spannungsgeladene Situation
  entschärfen;
- *einmal täglich* dem, was um Sie herum geschieht, die heitere
  Seite abgewinnen; das nimmt dem Alltag etwas den Ernst und
  unterstützt Sie darin, mit tatsächlich Ernstem leichter fertig
  zu werden;
- *einmal täglich* spontan einen fremden Menschen ansprechen und
  irgendeinen Anlaß für einen kleinen Scherz und ein gemein-
  sames Lachen finden; das verbindet und hebt das Selbstbewußtsein;
- *einmal täglich* ein »Witzprogramm« mit dem Lebenspartner,
  den Kindern, einem Freund oder einer Freundin absolvieren,
  herumalbern, lachen, bis der Bauch fast schmerzt und vor
  Freude Tränen fließen; das baut Spannungen ab, ist die einfachste Art, sich auszuleben, und läßt Sie gegenüber der Unfreundlichkeit anderer widerstandsfähig werden.

»Ich zeige Herz, denn Herz ist Trumpf«

Lächeln Sie von innen heraus. Verhelfen Sie sich und anderen zu
einem besseren Lebensgefühl, indem Sie an Ihre Umwelt die
Botschaft weitergeben, daß Sie ein Mensch sind, der »Herz« hat.
Seien Sie ein »Geber«, wenn Sie in Ihrem Leben mehr Freundlichkeit und Wärme erfahren möchten. Denn was wir erwarten,
müssen wir auch bereit sein zu geben, lautet eines der großen gei-

stigen Gesetze. Zeigen Sie anderen, daß Sie die Menschen mögen.
Und gewinnen Sie indirekt durch jedes »Danke«, jeden gutge-
sinnten Blick die Anerkennung anderer. Betrachten Sie es einmal
unter diesem Aspekt: Mit etwas Herzlichkeit, auch fremden
Menschen gegenüber, leisten Sie einen kostbaren Beitrag zur Ver-
besserung der großen und kleinen Welt, in der wir leben. Denn die
Herzlichkeit des einzelnen führt zur Herzlichkeit der Mehrheit.
Wenn Sie es im Alltag vorleben und sich menschlich verhalten,
beeinflussen Sie das emotionale Klima der Gemeinschaft. Mit dem
»Herzen« bauen Sie neue menschliche Verbindungen auf, knüpfen
Beziehungen, stellen Kontakte her und schaffen sich Freunde, weil
Sie überall, wo Sie hinkommen, Lebensfreude verbreiten und so eine
Wohltat für Ihre Umgebung sind. Zeigen Sie »Herz« – jeden
Tag ein bißchen – und begegnen Sie der Welt mit einem stillen
Lächeln,

- indem Sie andere Menschen so behandeln, wie Sie selbst auch
  behandelt werden möchten; das bedeutet ebenso, andere nicht
  zu kränken, auf sie nicht herabzuschauen oder sie abzuquali-
  fizieren, weil sie zum Beispiel den vermeintlich schlechteren
  Beruf ausüben, weniger gebildet oder weniger begütert sind;
- indem Sie gegenüber der Andersartigkeit von Individuen to-
  lerant sind; das heißt auch, Menschen gegenüber fair zu bleiben und Gewogenheit zum Ausdruck zu bringen, deren An-
  sichten man nicht teilt oder deren Lebensweise man nicht bil-
  ligt, weil sie zum Beispiel berechnend und egoistisch sind;
- indem Sie hinsichtlich der Fehler anderer Menschen Nachsicht
  üben; das beinhaltet zugleich, Geduld zu haben, nicht gleich
  ärgerlich zu werden, wenn jemand sich nicht sofort wie erwartet verhält, und verzeihen zu können; und es besagt, jedem
  noch eine zweite Chance zu geben, nicht kleinlich, sondern
  großzügig zu sein, wenn Freunde sich zum Beispiel unange-
  messen benommen haben oder ein unrechtes Wort gefallen ist;
- indem Sie am Schicksal anderer Menschen Anteil nehmen; das
  schließt die Hilfsbereitschaft mit ein, wenn jemand Probleme

hat, Trost und Mut braucht oder Unterstützung, weil er zum
Beispiel allein und traurig ist, krank ist oder unverschuldet
kein Geld hat, um sich ausreichend zu versorgen;

- indem Sie die Liebe, die Sie selbst erfahren haben, an andere
weitergeben; dazu zählt, nicht »ichsüchtig« zu sein, sondern
teilen zu können und großzügig zu sein; gleichfalls meint es,
sich für die Liebe und Güte, die man selbst empfing, dankbar
zu zeigen und dieser Dankbarkeit Ausdruck zu verleihen, indem man zu anderen Menschen gütig ist und gerade denen ein
Blumensträußchen schenkt, an die sonst niemand denkt.

»Ich bin höflich, denn Höflichkeit ist Lebensart«

Legen Sie ein Lächeln in Ihre Art. Worte und Gesten, denen ein
Lächeln innewohnt, nehmen jeder Kommunikation die Schwere
und sind ein Signal für freundliche Gesprächsbereitschaft. Sie erleichtern das Aufeinanderzugehen und animieren dazu, höflich zu-
einander zu sein. Begünstigen Sie den positiven Umgang miteinander, indem Sie nach dem Motto vorgehen: »Besser ein zarter
Handkuß als ein harter Rippenstoß«, und erweisen Sie sich damit
selbst einen Gefallen, denn Ihre Umwelt erhält so ein sympathi-
scheres Aussehen. Setzen Sie auf das höfliche Wort und gute Umgangsformen. Denn wer sich anderen gegenüber taktvoll verhält
und Menschen mit Respekt behandelt, verleiht nicht nur dem eigenen Auftreten mehr Würde, er ist auch gegen die Willkür un-
höflicher Menschen besser gefeit. So fällt es Ihnen leichter, über
das hinwegzusehen, was man übersehen muß, um sich den Tag
nicht zu verderben. Und verdeutlichen Sie sich, daß Höflichsein
eine gute Möglichkeit bietet, gegen rohe Sitten und schroffes Be-
nehmen im gesellschaftlichen Umfeld Stellung zu beziehen. Ihre
Höflichkeit weist Sie als einen Menschen von kultivierter Lebensart aus. Seien Sie daher höflich, auch wenn Ihre Umgebung es einmal nicht ist, und werten Sie die Stunden des Tages damit für sich

auf. Rufen Sie sich die Zauberkraft des Wörtchens »wie« kurz ins Gedächtnis zurück. Sie kennen doch das Rezept: Es kommt nicht so sehr darauf an, »was« man ausführt, sondern »auf welche Art, wie« man es ausführt. Wesentlich ist,

- *auf welche Art* Sie auf Leute zugehen, sie begrüßen und sich vorstellen, wenn Sie zu einer Runde stoßen – ob beiläufig und an den Menschen nur wenig interessiert oder engagiert, aufmerksam und neugierig auf die jeweilige Person, die vor Ihnen steht;
- *auf welche Art* Sie einen Dritten in ein Gespräch einbeziehen – ob Sie ihm das Gefühl geben, nur »fünftes Rad am Wagen« zu sein und nicht dazuzugehören, oder ihn gleichberechtigt behandeln und annehmen;
- *auf welche Art* Sie Ihnen nahestehende Menschen kritisieren – ob Sie Ihren Partner, Ihre Kinder, Ihre Freunde angreifen und verletzen oder ob Sie sie ohne Tadel darauf aufmerksam machen, was Ihnen persönlich mißfällt, und dabei nicht versäumen, sich auch »an die eigene Nase zu fassen«;
- *auf welche Art* Sie mit Fremden, etwa mit Passanten, Taxifahrern und Pförtnern, mit Verkäuferinnen und Serviererinnen umgehen – ob herablassend und wichtigtuerisch oder mit dem Bewußtsein, daß »bitte« und »danke!« nicht aus der Mode gekommen sind und alle Menschen das Recht haben, respektvoll angesprochen zu werden;
- *auf welche Art* Sie sich gegen Unverschämtheit und Frechheit wehren – ob Sie emotional reagieren und beleidigend werden oder sachlich argumentieren und sich mit gewitztem Charme einbringen: »Was meinen Sie, wie prächtig wir uns verstanden hätten und wie wunderbar unsere Begegnung hätte werden können, wenn Sie jetzt freundlicher zu mir gewesen wären?«

Ärger ist ungesund

Sind Sie leicht aus der Ruhe zu bringen? Werden Sie schnell wütend, oder sind Sie beleidigt, wenn Ihre Mitmenschen sich nicht so verhalten, wie Sie es wünschten? Haben Sie Ihre Gefühle unter Kontrolle, wenn jemand derb auftritt oder pedantisch und rechthaberisch ist? Sie werden nun denken: »Wer ist darüber schon erhaben und bleibt solchen Personen gegenüber gleichgültig?« Manchmal ist es zwar verständlich, doch braucht es nicht soweit zu kommen. Begreifen Sie eine optimistische Lebenseinstellung nicht als etwas Passives. Sie hat auch eine aktive und durchaus praktische Komponente. Sie ist wie ein Werkzeug, das Sie einsetzen können, um auf die eigenen Gefühle Einfluß zu nehmen. Mit dieser Art von Werkzeug halten Sie etwas in Händen, das Ihnen im Alltagsleben immer wieder hilft – vor allem in Augenblicken, in denen Sie Ärger oder Zorn in sich aufsteigen spüren.

Angenommen, Sie erlebten etwas Vergleichbares, wie in den folgenden drei Beispielen beschrieben – würden Sie ähnlich reagieren?

Erstes Beispiel: Sie sitzen in einem Restaurant, tragen an diesem Tag Ihr hellfarbenes Lieblingsjackett, haben gegessen und sind in ein anregendes Gespräch mit Ihrem Tischnachbarn vertieft. Der Kellner kommt, räumt den Tisch ab und läßt direkt vor Ihnen einen großen Löffel in den Rest Tomatensauce Ihres Tellers fallen – von der Brille bis zu den Knien sind Sie mit Sauce besprenkelt. Das nette Gespräch ist jäh unterbrochen, die Entschuldigung des Kellners klingt lapidar und wenig überzeugend. Sie sind verärgert und denken, während Sie damit beschäftigt sind, sich mit Papiertaschentüchern notdürftig wiederherzustellen: »Das war reine Absicht.«

Zweites Beispiel: Sie telefonieren mit einer Freundin, einem Freund oder einem guten Bekannten. Da Sie sich an diesem Tag nicht sonderlich wohl fühlen, möchten Sie am liebsten über das sprechen, was Ihnen nahegeht, und erhoffen, daß Ihr Gesprächspartner danach fragt. Die Person am anderen Ende der Leitung hört Ihnen jedoch gar nicht recht zu, spricht nur von der eigenen Befindlichkeit, fragt nicht nach Ihrer Situation und geht nicht ein einziges Mal auf Sie ein. Als das Gespräch beendet ist und Sie den Hörer aufgelegt haben, sind Sie zuerst unzufrieden, dann gekränkt, wenig später werden Sie sehr verärgert, weil Sie denken: »Der andere interessiert sich überhaupt nicht dafür, wie es um mich steht. Ich bin ihm wohl völlig gleichgültig.«

Drittes Beispiel: Sie sind zu einem Fest Ihrer Familie eingeladen und möchten bei der Gelegenheit Ihre neue Liebe präsentieren. Zu Beginn werden Sie und Ihr jetziger Lebenspartner von allen Seiten her wohlwollend empfangen. Einige Zeit später jedoch möchte Sie ein Verwandter, der offensichtlich zuviel getrunken hat, mit stichelnden Bemerkungen herausfordern. Anfangs berührt es Sie nicht, und Sie ignorieren es. Schließlich fühlen Sie sich doch angegriffen und beginnen sich zu verteidigen. Bald darauf bricht ein Streit aus, und es fallen verletzende Bissigkeiten. Zuletzt verlassen Sie die Feier, trotz gutgemeinter Schlichtungsversuche seitens der Familie wie: »Der meint es doch nicht so«, sind wütend und betroffen und denken: »Die haben mich blamiert. Die sehen mich so bald nicht wieder!«

Der Tag kann noch so gut begonnen haben, und die Absichten können die besten sein – immer wieder begegnen uns Menschen, die uns die Stimmung verleiden wollen. Dabei möchten wir uns nicht ärgern. Wir versprechen uns vom Kellner des Speiselokals, daß er uns mit aller gebotenen Rücksichtnahme bedient. Wir ersehnen, daß Freunde für unsere momentane Stimmungslage Verständnis zeigen. Wir hegen die Hoffnung, daß Verwandte sich nicht in unser Leben einmischen. Doch der wesentliche Grund, warum wir uns trotzdem über das Verhalten anderer Menschen entrüsten, ist, daß unsere *Erwartungen*, die wir mit anderen Personen verbinden, nicht erfüllt werden. Wir gehen die Zeitung holen, grüßen den Nachbarn von gegenüber freundlich und erwarten, daß er den Gruß erwidert. Doch der Nachbar grüßt nicht und

scheint uns aus dem Weg zu gehen. Wir stehen im Supermarkt an
der Kasse an und erwarten, daß andere Käufer sich ebenfalls an-
stellen. Doch plötzlich kommt ein Herr oder eine Frau »Wichtig«
und drängt sich vor. Wir haben das Auto geparkt, einen Parkschein
gelöst, uns beeilt und erwartet, daß die Politesse wegen der paar
Minuten Überziehung nicht kleinlich sein wird. Doch als wir
zurückkommen, haftet ein Strafzettel an der Windschutzscheibe.

Wer sich nicht so verhält, wie wir es im stillen von ihm
erwarten, erregt unser Ärgergefühl. Prompt beginnen wir damit,
das unerwartete Verhalten der anderen als Affront zu interpretie-
ren. Und erst dadurch entsteht das nagende Gefühl des Gekränkt-
und Verletztseins, wachsen Wut und Enttäuschung, die uns
zuweilen für Stunden, manchmal sogar tagelang nicht mehr
loslassen. Dabei verlieren wir nicht nur sehr viel psychische Energie, mit jedem Mal mehr büßen wir auch etwas von unserer emo-
tionalen Offenheit und unserem guten Willen ein. Das einzige,
was wir hinzugewinnen, wenn wir uns erregen, sind Selbstzweifel, Mißtrauen und das Gefühl, Schwierigkeiten zu haben. Und
solche Empfindungen zehren an uns und entmutigen uns auf die
Dauer.

Überlegen Sie daher, wieviel Energie Sie für jenes sparen könnten, das Ihnen wichtiger ist, wenn Sie sich vom Ärger nicht mehr
bezwingen ließen. Prüfen Sie, für welche Art von Verdruß Sie sehr
empfänglich sind: Ertragen Sie unhöfliche Zeitgenossen, rück-
sichtslose Menschen, engdenkende Bürokraten, zänkische Verwandte, einen ungenießbaren Lebenspartner nicht? Gewiß ist Ihnen klar, daß Sie die anderen nicht ändern können. Es ist ein schier
aussichtsloses Unterfangen. Auch wenn Sie zuweilen glauben mögen, die Persönlichkeit anderer, vor allem nahestehender Menschen
beeinflussen zu können – Ihr Unmutsgefühl läßt sich auf diese
Weise nicht verringern. Um sich weniger zu ärgern, müssen *Sie*
den ersten Schritt tun und bei sich selbst anfangen.

Verändern Sie Ihre Reaktionen. Versuchen Sie, auf Ihr Gefühl des
Ärgers Einfluß zu gewinnen. Lassen Sie es gar nicht erst soweit
kommen, daß es sich aufbauen kann, beziehungsweise bauen Sie

es ab, ehe Sie davon überwältigt werden. Der erste Anstoß dazu
mag darin liegen, Ihre Erwartungen an jene Menschen, die Ihnen
am meisten Unliebsames bereiten, deutlich zu senken. Die Formel
dafür klingt einfach, ihre Wirkung ist sicher: »Wer weniger erwartet, ist weniger enttäuscht und wird öfter angenehm über-
rascht.« Den zweiten Anstoß dazu bildet das anschließende *Anti-
Ärger-Programm*. Am besten lernen Sie es auswendig und greifen
bei der nächsten Gelegenheit darauf zurück, wenn Sie sehen, daß
ein anderer sich nicht so verhält, wie Sie es sich vorstellen. Haken
Sie gedanklich Punkt für Punkt ab, sobald Verstimmung und Un-
wille sich ankündigen. Und nehmen Sie die hier vorgeschlagenen
Möglichkeiten für ein *optimistisches Gegenprogramm* zum Anlaß,
selbst einmal kurz darüber nachzudenken, was Ihnen im Augenblick des Ärgers persönlich am besten als Ablenkung oder positives Gegengewicht dienen könnte. Alles, was zu einem Klima-
wechsel beizutragen vermag, niemandem schadet und sich fast
überall durchführen läßt, ist erlaubt.

Das Anti-Ärger-Programm

»Ich habe keine Lust, mich zu ärgern«

Vergegenwärtigen Sie sich: Es ist allein Ihre Entscheidung, ob Sie
sich ärgern oder nicht – niemand kann Sie dazu bringen, wenn Sie
es selbst nicht wollen. Sagen Sie sich deshalb: »Ich entscheide mich
dafür, mich nicht zu ärgern.« Helfen Sie sich mit Gedankenbrücken dieser Art: »Ich will mich nicht ärgern, weil ich weiß, der
Ärger ist nicht gut für mich. Ich lasse mich nicht ärgern, weil ich
erkannt habe, daß der Ärger mich krank macht.« Oder: »Der andere kann mich nicht ärgern, weil ich es nicht zulasse, daß ich sei-
netwegen graue Haare bekomme.« Setzen Sie jedesmal ein optimistisches Gegenprogramm ein, zum Beispiel: »Sobald ich merke,
daß ich mich ärgere, beginne ich lieber zu singen oder zu pfeifen.«

»Ich beziehe das Verhalten
anderer nicht auf mich«

Führen Sie sich vor Augen: Wie sich ein anderer Mensch verhält, was er sagt oder wie er sich benimmt – es muß nicht den gering- sten Zusammenhang mit Ihnen haben. Erst wenn Sie selbst ent- scheiden, es als böswillig anzusehen, wird es zu Ihrem Ärgernis. Sagen Sie sich daher: »Ich interpretiere nichts in den anderen hin- ein.« Schaffen Sie sich Gedankenbrücken wie: »Es berührt mich nicht, es geht an mir vorbei.« Oder: »Ich sehe keinen Anlaß, mich über den anderen zu ärgern – es lassen sich tausend Gründe fin- den, warum er sich so verhält. Die Politesse erfüllt nur ihre Pflicht und meint nicht mich persönlich, wenn sie den Strafzettel schreibt. Der Nachbar grüßt vielleicht nicht, weil er in Gedanken ist.« Ge- hen Sie etwa so zum optimistischen Gegenprogramm über: »So- bald ich bemerke, daß ich überlege, ob mich ein anderer ablehnt oder mir schaden will, denke ich gezielt an etwas Positives.«

»Ich nehme mich selbst zurück«

Sehen Sie es einmal von dieser Seite: Anstatt sich an den Gedan- ken zu klammern, daß ein anderer Sie gekränkt habe, weil er Ihre Erwartungshaltung nicht erfüllte, ist es gesünder, sich selbst nicht so wichtig zu nehmen. Sagen Sie sich also: »Ich kann mich von meinen Erwartungen loslösen.« Bauen Sie sich Gedankenbrücken solcher Art: »Ich bin stark, ich toleriere es, wenn der andere sich nicht so verhält, wie ich es mir wünsche. Es rüttelt nicht an mei- nem Selbstwertgefühl, wenn der andere nicht auf mich eingeht.« Oder: »Ehe ich den Ärger in mich ›hineinfresse‹, gehe ich lieber aus mir heraus und bewege mich ein Stück auf den anderen zu. Ich kann die Freundin, den Freund oder den guten Bekannten am Te- lefon fragen, wie es ihr oder ihm heute ergeht, versuchen heraus- zufinden, was sie oder ihn bewegt, und ›Übrigens, ich habe auch etwas auf dem Herzen‹ anschließen. Ich kann den Vordrängler im

Supermarkt vorlassen und augenzwinkernd bemerken: ›Sie haben es sicherlich sehr viel eiliger als wir alle – bitte schön.‹« Greifen Sie beispielsweise auf dieses optimistische Gegenprogramm zurück: »In der Sekunde, in der ich bemerke, daß sich Ärger aufstaut, versuche ich einem Menschen bei seinen Problemen zu helfen und das Gefühl zu bekommen, eine gute Tat vollbracht zu haben. Dann geht es mir auch wieder besser.« Und das heißt selbstverständlich: »Ich grüße den Nachbarn bei Gelegenheit trotzdem wieder.«

»Ich spiele den Ärger herunter«

Kein Ärger kann so stark sein, daß er sich nicht mit etwas positivem Denken als geringfügig betrachten ließe. Zu Bedeutsamerem ins Verhältnis gesetzt, wird jeder Anlaß sofort weniger schwerwiegend. Sagen Sie sich aus diesem Grund: »Ich relativiere, was geschah.« Gebrauchen Sie Gedankenbrücken wie: »Der Anlaß ist es nicht wert, sich daran festzubeißen und Zeit damit zu verschwenden. Es gibt Schlimmeres. Der Kellner und sein Malheur haben zwar mein bestes Sakko verdorben, doch ein Jackett ist zu ersetzen, die Gesundheit nicht.« Oder: »Die Sticheleien des Verwandten erreichen mich nicht, weil ich mich selbst nicht als so neidisch und unzufrieden charakterisiere, wie er zu sein scheint. Ich sehe das gelassen und kann den anderen nur bedauern.« Das optimistische Gegenprogramm lautet: »Ich heile mich selbst von Ärgergefühlen, indem ich mir sage, was ich mir selbst wert bin.«

3
Ich rede mir gut zu

Unsicherheit und Ängste abbauen –
das Selbstbewußtsein stärken

Kennen Sie das? Allein bei dem Gedanken an den nächsten Tag breitet sich ein mulmiges Gefühl von der Magengegend her aus. Denn es ist soweit, morgen ist der »große Tag«. Ihnen steht eine Situation bevor, in der Sie all Ihr Wissen und Können unter Beweis stellen müssen. Morgen halten Sie einen Vortrag vor kundiger Zuhörerschaft und wollen natürlich, daß es ein Erfolg wird. Morgen haben Sie einen Termin für ein wichtiges Bewerbungsgespräch und möchten auf jeden Fall überzeugend auftreten und einen vorteilhaften Eindruck hinterlassen. Morgen absolvieren Sie eine Prüfung und wünschen sich, alles schon hinter sich und mit Bravour bestanden zu haben. Sie packen am Abend Ihre Tasche mit den Unterlagen, die Sie mitnehmen müssen. Sie überlegen, um wieviel Uhr Sie morgen früh aufstehen müssen, um nicht in Hetze zu geraten, und kalkulieren mögliche Zugverspätungen und Verkehrsstaus mit ein. Sie essen zu Abend, legen sich Ihre Garderobe zurecht, gehen zu Bett und versuchen zu schlafen. Doch jetzt, wo alles vorbereitet ist, die Tasche, die Kleidung, die Kopfschmerztablette für den Notfall, und Sie beruhigt einschlafen könnten, liegen Sie wach. Ihre Gedanken kreisen nur um das eine Thema: »Werde ich es auch schaffen? Was ist, wenn ich versage, ich vor lauter Aufregung zu stottern beginne oder mir plötzlich nicht mehr einfällt, was ich sagen soll?« Sie wälzen sich im Bett herum und denken: »Alles Unsinn, ich muß endlich schlafen!« Doch es wird zwei Uhr, drei Uhr, vier Uhr, und Sie ärgern sich im-

mer mehr über sich selbst, denn Sie sind noch damit beschäftigt,
sich vorzustellen, was mißlingen könnte, als der »große Tag« an-
bricht.

Wir haben zwei Möglichkeiten, dem Abdriften der Gedanken
hin zu Angst und Bangigkeit ein Ende zu bereiten. Die eine Methode besteht darin, den morgigen Termin nicht wahrzunehmen
(oft wäre uns dies wohl am liebsten). Doch dadurch, das wissen
wir, hätten wir nichts gewonnen. Die eigenen Unsicherheitsgefühle und Versagensängste blieben nur verschoben bis zum nächsten Mal. Hinzu käme noch das jämmerliche Gefühl, kurz vor dem
Ziel gekniffen zu haben. Und das nagt erst recht am Selbstbewußtsein. Deshalb bleibt die andere Methode, bei der jede Über-
legung an einen Rückzieher überflüssig ist. Sie besteht darin, den
Angstgefühlen nicht auszuweichen, sondern sie aus der Nähe zu
betrachten und zu fragen: »Warum habe ich diese Angst?« Und
vor allem: »Wie läßt sie sich aus eigener Kraft abbauen?« Das ist
naturgemäß ein wenig anstrengender, als dem »großen Tag« einfach durch ein Mauseloch zu entkommen, und manch einer braucht
etliche Zeit, um es zu lernen. Doch stärken Sie mit dieser Selbsthilfe Ihr optimistisches Ich. Das schreckt die meisten Ängste ab
und schlägt sie in die Flucht.

Ängste und Unsicherheitsgefühle gedeihen immer da am besten, wo ein Hang zum Pessimismus besteht. Unangenehme Gedanken ziehen Angst wie Magneten an. Und doch ist das Gefühl,
Angst zu empfinden, etwas Normales und sogar Lebensnotwendi-
ges. Denn Ängste sind ein programmiertes Reaktionsmuster. Ihre
Aufgabe ist es, den Menschen vor möglichen Gefahren zu schützen und vor Bedrohung zu warnen, damit er auf das Unerwartete
besser vorbereitet ist. Wer kennt das aufkommende Unbehagen
nicht, wenn man nachts allein durch den Wald oder die verlasse-
nen Gänge der Untergrundbahn geht. Schneller werdender Atem,
feuchte Hände, beschleunigter Herzschlag, Unruhe – all das sind
körperliche Alarmsignale, die dem Menschen seit jeher zum Überleben gedient haben. Ohne Angst wären wir ohne Warnsystem und
liefen in jede Gefahr. Durch die Angst sind wir wacher, reagieren

schneller und intuitiver. Ein wenig Nervosität ist also nützlich, weil Körper und Geist mobiler sind. Insofern sind Ängste nicht zwangsläufig als etwas Schlechtes, sondern als etwas Gesundes zu begreifen. Ungesund wird es erst dann, wenn das »Urprogramm« sich auszuweiten beginnt und das Angstgefühl andauert, obwohl keine Bedrohung in Sicht ist.

Wenn die Ängste das Bewußtsein beherrschen, können kontrolliertes Denken und Handeln außer Kraft gesetzt werden. Dann spricht man von übersteigerten Ängsten. Diese können zu Denkblockaden führen, zu dem Gefühl, wie gelähmt zu sein, oder zu Panikanfällen. Wer darunter leidet, sollte therapeutischen Rat suchen. Wenn die Angst überall sitzt und das ganze Leben regiert (Angstleiden gelten heute übrigens als neue »Volkskrankheit«), sind fundierte Behandlungsweisen angezeigt. Aber davor, daß Ihre Angstgefühle ausufern, bewahren Sie sich persönlich am besten, indem Sie im Alltagsleben möglichst oft positive Denkinhalte aufbauen. Denken Sie häufiger bewußt an etwas Schönes. Malen Sie sich wiederholt das Erfreuliche aus. Je öfter Sie sich im Moment der Unsicherheit und Ängstlichkeit auf positive Vorstellungen konzentrieren, desto mehr entziehen Sie der Angst den Nährboden.

Nun läßt sich natürlich gut vorschlagen, man möge sich positive Denkinhalte schaffen, während der Vortrag vor dem Fachpublikum stündlich näher rückt und Sie bei der Vorstellung, alle Augenpaare erwartungsvoll auf sich gerichtet zu sehen, förmlich spüren, wie im Körper Adrenalin freigesetzt wird und das Lampenfieber steigt. Dasselbe gilt, wenn Sie von einem Personalchef erwartet werden, den Sie kaum einschätzen können und den Sie so gerne für sich gewinnen möchten, weil Sie die Stellung dringend brauchen: Sie bemerken, wie Sie langsam nervös werden und weiche Knie haben. Nicht viel anders verläuft es in der Prüfungssituation, die Sie erwartet. Der Gedanke daran, in wenigen Stunden schwierige Fragestellungen beantworten zu müssen, ohne daß peinliche Schweigeminuten entstehen, erzeugt einen unangenehmen Kloß im Hals, der Ihre Unruhe erhöht.

Wenden wir uns daher der genannten zweiten Methode zu und betrachten wir unsere Angst genauer. Legen Sie sich noch einmal ins Bett – natürlich nur in der Vorstellung – und gehen Sie bis an die Stelle zurück, an der Ihre Gedanken anfingen, um das befürchtete Mißlingen zu kreisen. Spielen Sie nun mit sich selbst ein kleines Spiel. Öffnen Sie Ihre Augen weit. Schauen Sie unter das Bett. Ist dort irgendwo eine *reale* Bedrohung in Sicht? Wohl nicht. Sehen Sie sich jetzt den morgigen Tag an. Ist da eine reale Gefahr zu erkennen? Könnte Ihnen beispielsweise das Publikum, vor dem Sie sprechen werden, etwas Böses anhaben wollen, oder der Personalchef oder die prüfenden Damen und Herren? Sie verneinen? Gut! Ihr Urprogramm, das Sie vor äußerer Bedrohung zu bewahren weiß, brauchen Sie für das, was Sie morgen erwartet, also nicht. Darum weg mit diesem Teil der Angst! Nun untersuchen wir das, was dann noch bleibt, nämlich die Angst, die Sie wohl durch sich selbst erzeugen. Was kann die Ursache dafür sein, daß Sie sich selbst gegenüber so unsicher sind und alles in schwärzesten Farben ausmalen? Woher kommt der »Bammel« vor morgen?

Die Furcht davor, zu versagen, die Sprechhemmung, das Zittern der Hände, das Erröten oder starke Prüfungsängste sind oft Nebeneffekte einer Erziehung, durch die Kinder nicht genügend Selbstvertrauen aufbauen konnten. Besonders Kinder, die in ihrem Bedürfnis nach Harmonie und Sicherheit von den Eltern vernachlässigt wurden und das Gefühl von Geborgenheit nicht festigen konnten, sind als Erwachsene anfälliger für Ängste, weil ihnen das Urvertrauen fehlt. Aber auch überbehütete Kinder reagieren häufig so. Zweifelsohne entwickelt sich jeder Mensch im Laufe seines Erwachsenenlebens weiter. Der »Rucksack« mit den Erfahrungen aus der Kindheit bleibt nicht ein ganzes Leben lang mit dem gefüllt, was uns von zu Hause mit auf den Weg gegeben wurde. Neues kommt hinzu. Andere Menschen begegnen uns. Wir vergleichen uns mit ihnen und lernen von ihnen andere Verhaltensweisen. Doch negative Botschaften, die uns in Elternhaus und Schule vermittelt wurden, wie: »Das schaffst du nicht«, »Du machst alles falsch«,

»Das muß ein Junge oder ein Mädchen wie du aber doch können« und »Laß das mal lieber deinen Bruder oder deine Schwester erledigen, du hast dazu kein Talent«, können sich im Gehirn festsetzen. Irgendwann meinen viele Menschen schließlich selbst, unfähig zu sein. Sie glauben nicht mehr an sich selbst, sondern denken, den Mißerfolg abonniert zu haben. Dann sagen sie zu sich selbst: »Das schaffst du nie«, »Du bist nicht gut genug«, »Die anderen sind viel besser als du.« Das kann so weit gehen, daß sie als Erwachsene ein Leben lang die Angst in sich tragen, Schiffbruch zu erleiden und den Erwartungen nicht zu entsprechen. Andererseits kann es zu einer inneren Trotzhaltung führen, aus der heraus sie sich immer wieder neue Ziele stecken, um sich selbst und allen anderen beweisen zu können, daß sie nicht scheitern werden. Stehen uns im Alltag also Situationen bevor, in denen wir uns öffentlich bewähren sollen oder wollen, können die schädlichen Worte aus der Kindheit plötzlich wieder aktiv werden und Ursache für unterschwellige Befürchtungen sein.

Glücklicherweise kennen wir Wege, den Kreislauf negativer Selbsteinschätzung zu verlassen und Selbstvertrauen zurückzugewinnen. Jeder Mensch vermag pessimistische Botschaften in optimistische umzuwandeln. Es bedarf dazu lediglich des Willens, sich selbst besser zu erkennen und mit den eigenen Ängsten umgehen zu lernen.

Wenn Sie also all Ihre »Hausaufgaben« für den morgigen Tag durchgeführt haben und sich dennoch unruhig im Bett wälzen, dann wird es Zeit für den *Angstabbau-Plan*. Nach ihm vorzugehen bedeutet, schädliche Befürchtungen aufzustöbern und abzubauen, um sich das Denken an ein Versagen abzugewöhnen. Zugegebenermaßen ist es nicht ganz leicht, Gewohnheiten abzulegen, mit denen man seit vielen Jahren vertraut ist. Deshalb sollten Sie sich darauf einstellen, es mehrfach probieren zu müssen – so lange, bis Sie spüren, anstatt mißerfolgsorientiert erfolgsorientiert an den nächsten Tag zu denken. Doch wundern Sie sich nicht – ein bißchen Nervosität und Lampenfieber wird Ihnen auch zukünftig bleiben. Dieses »bißchen« wird nämlich gebraucht, weil es hilfreich und nützlich ist. Wenn Sie diesen Rest an Bangigkeit zulassen und als eine Art Helfer annehmen, um hellwach zu sein, wird Ihnen alles gelingen, was Sie sich vorgenommen haben.

Der Angstabbau-Plan

»Ich entspanne mich ...«

Sich »selbsterzeugten« Ängsten hinzugeben, ist Energieverschwendung. Anstatt Ihre Energie mit Gedanken darüber zu vergeuden, was sein wird, drehen Sie gleichsam den Spieß um: Sammeln Sie Ihre Energie! Das gelingt am besten, wenn Sie zunächst Ihre Nervosität senken, indem Sie lernen, Ihren Körper schrittweise zu entspannen. Denn mit der körperlichen Entspannung geht die geistige Gelassenheit einher, und Sie können schlafen wie ein Murmeltier.

Schließen Sie die Augen, und konzentrieren Sie sich zuerst nur auf Ihren Atem. Vor allem, wenn Sie einen schnellen Atemrhythmus bemerken, sollten Sie mehrmals bewußt langsam und tief ein- und ausatmen – einmal ..., zweimal ..., dreimal ..., viermal ..., fünfmal ..., sechsmal ..., siebenmal ...

Verdeutlichen Sie sich, daß Ihre innere Unruhe nicht von außen kommt, sondern durch Sie selbst in Ihnen entsteht. Also sind auch nur Sie selbst in der Lage, einzugreifen und »Halt!« zu sagen. Unterbrechen Sie das bestehende schädliche Gedankenprogramm. Eine Spur Humor kann Ihnen dabei behilflich sein. Lassen Sie die Phantasie ein wenig spielen und versuchen Sie, die Personen des morgigen Tages von der komischen Seite anzuschauen. Stellen Sie sich vor, Ihre Zuhörerschaft, der Personalchef oder die Prüfer erschienen morgen zum Beispiel in Reizwäsche – oder die vor Ihnen sitzen werden, kämen so, wie Gott sie schuf, und ohne Insignien der Macht. Aus dieser Perspektive besehen wirkt das Bevorstehende wohl gleich etwas weniger einschüchternd.

Während Sie weiterhin ruhig und gleichmäßig atmen, lenken Sie Ihre Aufmerksamkeit nun zunehmend auf Ihren Körper. Sagen

Sie sich: »Ich verabschiede mich jetzt von meinen Gedanken! Ich
sehe sie nicht mehr an!« Stellen Sie sich vor, Sie gingen in Ihrem
Körper spazieren, Sie wanderten gewissermaßen durch sich selbst
hindurch, vom Kopf bis zu den Füßen. Unterwegs öffnen Sie in
Ihrer Vorstellung sämtliche Türen und Fenster, so daß Sie den Eindruck bekommen, Ihr Körper sei wie ein großes Haus, das von
Licht und Sonne durchstrahlt wird. Danach beginnen Sie damit,
sich bestimmte Anweisungen zu geben, auch »Formeln« genannt.
Führen Sie auf diese Weise ein autogenes Training durch. Diese
einfache, aber wirksame Entspannungsmethode hat sich bestens
bewährt, um abzuschalten und Anspannung abzubauen. Signifi-
kant ist das während der Entspannung auftretende Schwere- und
Wärmegefühl. Das gedankliche Aufsagen der Formeln bewirkt,
daß der Geist und das Nervensystem zur Ruhe gebracht und die
Muskulatur optimal gelöst und durchblutet werden. Ihre
Aufmerksamkeit wendet sich von aufreizenden Gedankenbildern
ab, das angenehme Gefühl »loszulassen« stellt sich ein. Eine ver-
einfachte Kurzversion soll dies erläutern:

Geben Sie sich die erste Anweisung: »Ich entspanne jetzt meine
Füße«, und denken Sie sich dabei in Ihre Füße hinein. Richten Sie
Ihre Konzentration einzig und allein auf Ihre Füße und darauf, die
Muskulatur zu entspannen. Schweifen Sie nicht ab. Falls es doch
einmal geschieht (was anfangs nicht selten ist), holen Sie sich gedanklich bitte sofort zurück – denn Entspannung tritt nur ein,
wenn Sie Ihr gesamtes Augenmerk gezielt auf die jeweilige Körperpartie richten. Sagen Sie daher noch einmal: »Ich entspanne
meine Füße«, und wiederholen Sie diese Formel in Gedanken mindestens sechsmal hintereinander. Sobald Sie in den Füßen ein leich-
tes Kribbeln wahrnehmen und Wärme die Fußmuskulatur durch-
strömt, wissen Sie, daß der nötige Entspannungsgrad erreicht ist.
Sagen Sie daraufhin je einmal zu sich: »Ich lasse los – ich lasse geschehen.«

Wandern Sie, bildlich gesehen, weiter aufwärts. Jetzt sind die
Beine an der Reihe. Wieder gilt es, sich ausschließlich auf die jeweilige Körperpartie, in diesem Falle Ihre Oberschenkel- und Wa-

denmuskulatur, zu konzentrieren. Lassen Sie die Gedanken an den
morgigen Tag nicht wieder an sich herankommen. Sagen Sie deshalb, mindestens sechsmal hintereinander, zu sich: »Ich entspanne
meine Beine.« Und fügen Sie hinzu: »Meine Beine sind ganz
warm.« Sowie das Wärmegefühl auftritt, wenden Sie sich dem
nächsten Bereich Ihres Körpers zu und denken zwischendurch wieder die Formeln »Ich lasse los« und »Ich lasse geschehen«.

Begeben Sie sich nun zur Körpermitte. Wenn Sie in Unterleib
und Bauch das Gefühl von Wärme erzeugen, hat das zugleich einen positiven Einfluß auf alle Verdauungsorgane. Das flaue Gefühl in der Magengegend verschwindet. Der nervöse Darm entkrampft sich. Sagen Sie sich nun: »Mein Bauch ist wohlig warm«,
und wiederholen Sie diese Formel mindestens sechsmal nacheinander. Im Anschluß an die Entspannung des Bauchbereichs fügen
Sie wieder zur Abrundung die Sätze »Ich lasse los« und »Ich lasse
geschehen« hinzu.

Richten Sie jetzt Ihre Konzentration auf den Oberkörper. Entspannen Sie den Brustkorb und die Schulterpartie, indem Sie sich
mit jeder Ausatmung sagen: »Mein Atem fließt vollkommen ruhig und gleichmäßig.« Lassen Sie währenddessen den Atem aus-
strömen, als würden Sie sich von einer Last lösen. Wiederholen Sie
den Vorgang wieder mindestens sechsmal. Wenn Sie spüren, be-
freiter zu atmen, erfolgen erneut die Zwischenformeln »Ich lasse
los« und »Ich lasse geschehen«.

Dehnen Sie die Beruhigung auf Ihre Arme aus. Sagen Sie sich
(mindestens sechsmal) zuerst: »Mein rechter Arm ist ganz schwer«,
und anschließend: »Mein linker Arm ist ganz schwer.« Sobald Sie
das Schweregefühl empfinden, folgt noch diese Zusatzformel für
beide Arme: »Meine Arme sind schwer und warm«, die Sie (mindestens sechsmal) wiederholen, bis außer Schwere auch Wärme zu
spüren ist. Beschließen Sie diesen Durchgang wie zuvor mit »Ich
lasse los« und »Ich lasse geschehen«.

Mittlerweile sind Sie beim Kopf angelangt. Wenden Sie sich
zum Schluß dem Gesicht zu. Öffnen Sie den Mund leicht, so daß
Ihre Kieferpartie Entspannung erfährt. Entspannen Sie dann die

Gesichtsmuskulatur, indem Sie sich (mindestens sechsmal) sagen: »Mein Gesicht ist vollkommen gelöst«, und: »Meine Stirn ist kühl und glatt.« Am Ende sollte vor und hinter Ihrer Stirn wohltuende Ruhe eingetreten sein. Um das Gefühl der Ruhe ein letztes Mal bewußt durch den Körper strömen zu lassen, sagen Sie sich abschließend, so oft Sie mögen: »Ich bin ganz ruhig«, bis der Schlaf sich einstellt.

Ergänzung: Das autogene Training können Sie mit ein wenig Erfahrung auch im Sitzen durchführen, beispielsweise auf einem Stuhl oder einem Sofa, bei einer Rast im Auto, während einer Bahnfahrt oder Flugreise, in einer Wartehalle, im Vorzimmer – überall und immer dann, wenn Sie innerlich angespannt sind, Angst haben, unter Druck stehen. Sitzend ist das Ziel nicht Totalentspannung und Schlaf, sondern schnelle Bewältigung von innerer Unruhe und Nervosität. Dem Geübten reichen in der Regel 15 bis 20 Minuten, um wieder mehr Gelassenheit zu erreichen und neue Energie zu schöpfen. Deshalb mag Ihnen die beschriebene Vorgangsweise auch als eine praktikable Eigentherapie gegen Alltagsstreß dienlich sein.

»Ich spreche mir Mut zu ...«

Wenn ich sagen kann, daß alles mißlingt, kann ich ebensogut sagen: »Es wird mir gelingen.« Lassen Sie den dunklen Vermutungen nicht freien Lauf. Ordnen Sie das Chaos jener nachteiligen Gedanken, die Sie verunsichern, und ersetzen Sie – möglicherweise von früher stammende und gewohnte – verneinende Botschaften durch bejahende.

Wenn wir uns mit Befürchtungen und unguten Ahnungen beschäftigen, entsteht sogleich ein innerer Konflikt. Der Konflikt teilt sich uns mit, indem wir uns niedergeschlagen fühlen, lustlos und mutlos werden, deprimiert und traurig sind, Angst haben, uns ärgern. – Ich brauche bloß zu entdecken, daß mir beim Haarewaschen mehr Haare ausfallen als gewöhnlich, und schon befürchte ich, eine Glatze zu bekommen. Als Folge davon fühle ich mich gleich um Jahre gealtert. Ich brauche nur zu bemerken, daß

meine Tochter oder mein Sohn, meine Frau oder mein Mann noch
nicht nach Hause gekommen sind, und schon drängen sich mir
düstere Visionen auf, was passiert sein könnte. Ich werde unruhig
und sorge mich. Ich brauche bloß an meinem Auto Geräusche zu
hören, die ich nicht einordnen kann, und schon sehe ich eine Rech-
nung auf mich zukommen, die nicht eingeplant war. Ich fange an,
mich zu ärgern, weil ich denke, daß deshalb der Urlaub ausfällt,
und komme bedrückt nach Hause.

Alle diese Vorgänge – und das gilt es zu verändern – beruhen
auf demselben Prinzip: Ich nehme eine Situation zum Anlaß, um
meine persönlichen unguten Erwartungen daran bestätigt zu sehen. Aber diese Vorstellung – das müssen wir uns in solchen Augenblicken immer wieder sagen – kommt einzig und allein durch
meine Negativerwartungen zustande, hat also mit der Wirklichkeit nichts gemeinsam. Dies alles ist also nur Schein! Wir erwarten etwas, für das kein objektiver Beweis vorliegt, und schaffen
uns so selbst die Last der Vermutungen, unter der wir dann leiden. Statt des Besten reden wir uns das Schlimmste ein. Auf diese
Weise entstehen viele Ängste und Sorgen. Die meisten Befürchtungen, die wir so entwickeln, werden jedoch nie Wirklichkeit.
Am Ende ist oft alles viel harmloser als gedacht. Die Ängste und
Sorgen waren überflüssig.

Verhalten Sie sich deshalb nicht kontraproduktiv zu dem, was
Ihnen wohltäte, um der Angst vor einem wichtigen Ereignis oder
Termin standzuhalten. Reden Sie sich nicht ein, zu versagen, sich
schämen zu müssen oder Fehler zu begehen. Zweifeln Sie nicht an
Ihrem Wissen und Ihrem Können. Suggerieren Sie sich nicht
länger: »Ich schaffe das ja sowieso nicht.« Denn so setzen Sie hinter sich als Person ein Fragezeichen. Sagen Sie sich ab heute: »Ich
schaffe alles, was ich mir vornehme«, und beginnen Sie damit,
destruktive, verneinende Gedanken in konstruktive, fruchtbare zu
ändern. Seien Sie zuversichtlich und vertrauen Sie auf Ihr Glück.
Und bestärken Sie sich darin, daß Sie alle Unwägbarkeiten meistern
werden. Damit werden Sie zu einem Optimisten mit Ausrufezei-
chen!

Hier einige ausgewählte Beispiele für bejahende Botschaften, die Sie Ihrem Unterbewußtsein am besten im Zustand der Entspannung übergeben. Lesen und wiederholen Sie jeden Satz in Gedanken, als mögliche konstruktive Botschaft an sich selbst, oder sprechen Sie ihn laut vor sich hin. Treffen Sie danach für sich, je nach persönlichem Bedürfnis, eine Auswahl und sprechen Sie sich mit Ihren persönlichen Sätzen so viel Mut zu, wie Sie brauchen.

ICH BIN GUT !

ICH BIN LIEBENSWÜRDIG !

ICH MAG MICH !

ICH BIN STARK !

ICH BIN EIN ERFOLGSMENSCH !

ICH VERTRAUE AUF MEIN GLÜCK !

ICH LIEBE MEIN LEBEN !

ICH BIN FROH UND ZUFRIEDEN !

ICH FÜHLE, DASS MICH WUNDERBARES ERWARTET !

ICH FÜHLE, ALLES WIRD GUT !

ICH WEISS, MIR FÄLLT ALLES GANZ LEICHT !

ICH HABE EIN SCHÖNES LEBEN,
DAS WIRD EIN SCHÖNER TAG !

ICH BIN INNERLICH FREI,
MIR KANN KEINER ETWAS ANHABEN !

ICH BIN VOLLKOMMEN GELÖST UND GELASSEN !

ICH HABE SCHON GANZ ANDERE
SITUATIONEN BEWÄLTIGT !

ICH HABE KEINE ANGST,
UND ICH FREUE MICH AUF MORGEN !

Ergänzung: Sie können Ihren persönlichen Satz auch auf einen Zettel schreiben und zum Beispiel an den Badezimmerspiegel heften oder bei sich in der Brieftasche tragen. So haben Sie immer die Möglichkeit, kurz einen Blick darauf zu werfen, um sich gedanklich zu vergewissern, was Sie sich selbst wert sind, und sich selbst gut zuzusprechen.

»Ich stelle mir vor, wie es gelingt ...«

Es ist wesentlich angenehmer, sich eine Situation in schönsten Farben auszumalen, als sie von vornherein negativ zu beurteilen. Entwerfen Sie für den morgigen Tag vor Ihrem geistigen Auge eine Vision, die anzuschauen Ihnen Freude bereitet und Sie motiviert. Spielen Sie das, was Sie erwartet und was Sie gerne erreichen möchten, in allen Einzelheiten gedanklich durch, als wäre es ein Zeitvertreib, und die Bangigkeit schwindet – Sie fühlen sich freier.

Erstreben wir das nicht alle: Vergnügen und das Gefühl, innerlich frei zu sein, sich nicht zwingen oder anstrengen zu müssen, sondern alles mit Leichtigkeit zu erledigen? Wenn wir etwas gerne in Angriff nehmen und entsprechend motiviert sind, empfinden wir es auch nicht als Mühe. Die Lust beflügelt uns. Es strengt uns nicht an, stundenlang an etwas zu arbeiten oder schwierige Aufgaben zu lösen. Wir haben keine Hemmungen, öffentlich das Wort zu ergreifen und über ein brisantes Thema zu diskutieren oder im »Vier-Augen-Gespräch« die eigenen Interessen zu vertreten beziehungsweise für etwas Bedeutsames zu kämpfen. Was wir auch beginnen – es geschieht nach dem »Lustprinzip« und stellt für uns keinerlei Belastung dar. Wir verspüren in diesen Augenblicken keine Angst und überlegen nicht, was alles geschehen könnte. Wir sind, wie ein Bergsteiger, nur auf das konzentriert, was vor uns liegt und Vergnügen bereitet, und nicht darauf, angstvoll in den Abgrund zu starren. Auf diese Art mobilisieren wir alle zur Verfügung stehenden Kräfte, wachsen möglicherweise sogar über uns selbst hinaus.

Wer dieses Phänomen bei der Vorbereitung auf ein wichtiges Ereignis zu nutzen weiß, überwindet Unsicherheiten und Angstblockaden leichter. Im Leistungssport läuft man zum Beispiel, um sich zu motivieren und sicher zu fühlen, vor einem Wettkampf im Geiste die Hürden ab, fährt die Rennstrecke Kurve für Kurve, stellt sich vor, wie man das Tennismatch Zug um Zug gewinnt. Weibliche oder männliche Moderatoren von großen Fernsehshows befreien sich oft von ihrer Nervosität und dem Erwartungsdruck, indem Sie kurz vor der Sendung jede Einzelheit in Gedanken durchgehen und sich ausmalen, daß die Gespräche spannend und die Stimmung im Saal »top« sein werden. Viele große Dirigenten, Musiker, Sängerinnen und Sänger gehen, um ihr Lampenfieber abzubauen und sich in Stimmung zu bringen, am Tag zuvor häufig in Klausur und führen sich geistig vor Augen, wie sie beim Bühnenauftritt brillieren und das Publikum hinreißen werden. Denn jeder, der vor sich die erhellende Vision aufbaut, daß es gelingt, erfolgreich wird und Vergnügen bereitet, verschafft sich selbst angenehme Empfindungen und bewirkt so, daß die nachteiligen Gefühle ihre hemmende Wirkung verlieren.

Wenden Sie also auch das Prinzip des *optimistischen Visualisierens* an und gewinnen Sie Lust auf das, was Sie morgen erwartet. Konzentrieren Sie sich allein darauf, daß Ihnen morgen alles ganz leicht von der Hand geht. Das bewirkt, daß Sie locker bleiben und nicht blockiert an Ihre Aufgabe herangehen. Sehen Sie sich, bildlich gesprochen, bereits auf dem Siegertreppchen stehen, das spornt an und verdrängt die Angst davor, es vielleicht nicht zu schaffen.

Mit diesem Bild vor Augen haben Sie die richtige Einstellung, daß Sie an diesem Tag »gewinnen«. Denn wenn Sie das Gegenteil praktizieren und stets das Bild des Verlierers vor sich sehen, dann programmieren Sie sich falsch für das, was vor Ihnen liegt. Und es ist kaum noch zu verhindern, daß Sie in ähnlicher Weise, wie Sie es sich zuvor ausgemalt haben, scheitern.

Steuern Sie Negativem daher entgegen und orientieren Sie sich an folgendem Rat:

- *Stellen Sie sich vor,* Sie stehen morgen früh auf, betrachten sich im Spiegel und sehen vor sich einen gutgelaunten Menschen mit vergnügtem Lächeln im Gesicht und dem Wahlspruch auf den Lippen: »Heute wird ein schöner Tag, heute fällt mir alles ganz leicht, heute gelingt mir alles.«
- *Stellen Sie sich vor,* Sie gehen ohne Hast aus dem Haus, die Sonne scheint, die Vögel zwitschern, Sie kommen entspannt an Ihrem Zielort an, haben noch Zeit, trinken in Ruhe ein Glas Wasser und sind innerlich gelöst und gelassen.
- *Stellen Sie sich vor,* Sie begeben sich in den Saal, in dem Sie Ihren Vortrag halten werden, stellen sich ganz unverkrampft vor, sind freundlich und voll Freude bei Ihrem Referat. Ihr Publikum hört aufmerksam zu, ist Ihnen wohlgesinnt, läßt sich überzeugen, mitreißen, begeistern und klatscht Beifall.
- *Stellen Sie sich vor,* Sie sitzen beim Bewerbungsgespräch dem Personalchef gegenüber und haben sogleich einen guten Kontakt zu ihm. Die Situation ist ungezwungen und entkrampft, Sie sind sicher und ruhig, gehen auf Ihr Gegenüber ein und verlassen das Büro nach einer Weile mit einem sehr guten Gefühl.
- *Stellen Sie sich vor,* Sie kommen in das Prüfungszimmer, die Prüfer sind freundlich und behandeln Sie entgegenkommend, weil sie wissen, daß jeder Prüfling ein bißchen nervös ist. Die Prüfung vergeht wie im Fluge, Sie haben überhaupt keine Angst und empfinden das Ganze eher als ein zwangloses Gespräch, das Ihnen Vergnügen bereitet.

- *Stellen Sie sich vor,* Sie haben es geschafft und hinter sich, sind ausgelassen und froh. Sie haben das erreicht, was Sie sich vorher ausgemalt haben, und freuen sich. Sie stoßen auf Ihren Erfolg an, auf das gute Gelingen, und lachen, weil Sie wissen, daß Sie sich auf sich selbst verlassen können.

So wird man zufriedener – auch mit sich selbst

»Froh zu sein bedarf es wenig ...«, so instruktiv beginnt eine wohlbekannte Volksweise. Aber nahezu allen fällt es im Alltag nicht so leicht. Denn, so lautet das Ergebnis einer neueren Untersuchung, jeder zweite in unserer Gesellschaft ist unzufrieden.

Meist verbauen die Menschen sich die Chance zum Glücklichsein selbst. Jetzt, in diesem Augenblick, lassen Millionen von Menschen sich tyrannisieren. Der Tyrann ist ein kleines, unsichtbares Männchen. Es sitzt im Ohr und versucht täglich, unser Denken negativ zu beeinflussen, indem es permanent auf uns einredet. An einem Tag suggeriert es uns ein schlechtes Gewissen, weil wir die Diät nicht durchhielten oder das Pensum nicht gelang, das wir uns vornahmen. Am anderen Tag wirft es uns vor, die falsche Tätigkeit auszuüben, von früh bis spät nur zu arbeiten und doch zuwenig Geld in der Tasche zu haben. Beim nächsten Mal nörgelt es schonungslos an unserem Äußeren herum und sagt: »Du bist hier zu dick, da zu dünn«, und: »Die anderen sehen alle besser aus – sind hübscher, jünger, geschmackvoller angezogen als du.« Schließlich folgen noch die Vorhaltungen über die Makel in unserer persönlichen Geschichte, die Fehler vergangener Tage, die nie verwundenen Niederlagen. Der kleine Mann im Ohr will uns zu Gemüte führen, daß wir doch Grund genug hätten, mit uns selbst und unserem Leben nicht zufrieden zu sein.

Auch wenn das kleine Männlein nur eine Phantasiegestalt ist, kann doch jeder die Stimme dieses dauerhaften Begleiters vernehmen, denn die Stimme stammt aus uns selbst. Dies sollte uns nachdenklich machen. Denn was wir uns von keinem anderen Menschen bieten ließen, das nehmen wir von uns selbst klaglos hin. Deshalb ist es für unser Lebensglück keine unbedeutende Frage, wie wir der Eloquenz jener Stimme, die an manchen Tagen unser Lebensgefühl zu trüben versucht, etwas entgegensetzen können. Betrachten Sie diese Frage als eine Anregung, sich – wenn Sie unzufrieden sind – mehr mit der eigenen Wesensart zu befassen. Überlegen Sie, welches System Sie einsetzen können, um das mißvergnügliche »Negativgerede« im Kopf abzuschalten und mit sich selbst in Frieden zu leben.

Wer innere Zufriedenheit erreichen will, sich aber allein davon leiten läßt, ob die äußeren Verhältnis dazu gegeben sind, ist sein Leben lang auf dem Holzweg. Die Verhältnisse, unter denen wir leben, sind, objektiv betrachtet, niemals ideal. Es bleibt am »Ist-Zustand« subjektiv immer etwas auszusetzen. Widrige Umstände sind Gegebenheiten, die zu allen Zeiten gehören. Infolgedessen wäre es ein Trugschluß, sich sein Leben lang von äußeren Faktoren abhängig zu sehen und sich nicht im Hier und Jetzt – auch in einer problematischen Welt – um innere Zufriedenheit zu bemühen. Wer nur für die Zukunft lebt und darauf warten will, daß eines Tages die optimalen Verhältnisse für sein Dasein geschaffen sein werden, läuft Gefahr, vor Zukunftsdenken glatt die Gegenwart zu versäumen.

Ein Materialist, der unzufrieden ist, weil ihm das, was er besitzt, nicht genug erscheint, ist sein Leben lang damit beschäftigt, danach Ausschau zu halten, wie er seinen Besitz vergrößern könne. Das Vergnügen, das an ihm vorüberzieht und das nichts kostet, übersieht er. Weil er seine Zufriedenheit davon abhängen läßt, wieviel ihm gehört. Doch stellt sich die Frage, wann er soviel besitzt, daß er damit zufrieden sein kann. Ein Pessimist, der alles schlecht findet und ständig damit rechnet, daß es zu seinen Ungunsten ausgehen wird, verbringt seine Tage damit, sich und anderen Menschen vor Augen zu führen, daß er mit seinen Befürchtungen recht hatte. Sein Leben verwelkt, ehe er erkennt, daß es ein kostbares Geschenk ist, das er mitgestalten kann. Der Extravertierte, der mit sich selbst nichts anzufangen weiß, wenn nirgendwo eine Party stattfindet, verlebt die Tage mit dem Telefonhörer in der Hand, fieberhaft auf der Suche nach Ablenkung, um sich nur nicht mit sich beschäftigen zu müssen. Sein Zufriedenheitsgefühl hängt davon ab, Trubel um sich zu haben und von Menschen Bestätigung zu erfahren. Er sieht nicht, daß für ihn einmal der Punkt kommt, an dem er sich selbst fremd geworden ist.

Wesentlich ist also, nicht darauf zu warten, bis die Lebenssituation, in der wir uns gegenwärtig befinden, ideal ist, sondern auf der Stelle anzufangen, sie anders zu bewerten. Denken wir nicht länger in irrationalen Bahnen darüber nach, wie unsere Welt sein »müßte«. Denken wir uns das Leben nicht traurig, sondern erbaulich. Denn wir sind sofort um ein Großteil zufriedener, wenn wir zu den momentanen Lebensverhältnissen eine andere Einstellung gewinnen.

Und wenn Sie es zuwege bringen, mit sich selbst zufriedener zu sein, fühlen Sie sich nicht nur wohler in Ihrer Haut, Sie sind auch für Ihre Umgebung ein noch größerer Gewinn. Denn Sie entfalten eine harmonische Ausstrahlung. Die innere Positivität und das Annehmen der eigenen Person, mit allen günstigen und ungünstigen Eigenschaften, strahlt als Souveränität nach außen. Geistige Negativität jedoch sowie an sich selbst zweifelnde, sich selbst anklagende oder beschuldigende Gedanken sabotieren diese vorteilhafte Wirkung.

So ist denn auch die Annahme nicht richtig, daß Menschen mit einer besonderen Ausstrahlung besonders gekleidet wären oder besonders gut aussähen. Das Geheimnis liegt allein darin, daß Personen mit Ausstrahlung einen wesentlich höheren Grad an Zufriedenheit und Einklang mit sich selbst nach außen tragen als andere. Es liegt also in deutlichem Maße am *Faktor Zufriedenheit*.

Falls Sie dieser Frage selbst einmal nachgehen möchten – vielleicht auch mit dem Partner oder Freunden darüber diskutieren –, werden Sie gewiß dasselbe beobachten: Ausstrahlung und Charisma hängen nicht mit der »Fassade« eines Menschen zusammen. Trotz schriller Aufmachung oder eleganter »Verpackung«

kann eine Person völlig nichtssagend sein. Und trotz blassen Aussehens und gewöhnlichem Strickpulli hinterläßt eine Persönlichkeit einen bleibenden Eindruck. Das gewisse Etwas eines Menschen
entwickelt sich aus dem harmonischen Innen heraus und nimmt
seinen Weg über die Sprache des Körpers, über Blicke, Gesten, über
ein treffendes Wort, ein Lächeln direkt zum Außen.

Vielleicht denken Sie noch, daß die Höhe des Betrags auf dem
Bankkonto den Faktor der Zufriedenheit bestimmt. Doch die Erfahrung zeigt, daß von all den wohlhabenden Leuten nicht einer
schon aufgrund seines Reichtums zufriedener ist. Häufig sind sie
unzufriedener als jene, die Monat für Monat mit einem knappen
Haushaltsgeld auskommen müssen. Denn Glück läßt sich nicht
kaufen. Wir können zwar ein Leben lang davon träumen, daß mit
einer luxuriösen Villa, einem teuren Wagen und mit Kaviar und
Champagner alle unsere Probleme beseitigt wären. Doch in dem
Augenblick, in dem dieser Traum Wirklichkeit würde, sähen wir
ein, daß dies auch keine Zufriedenheit bringt. Sie entsteht nur aus
uns selbst heraus – unabhängig davon, ob wir bescheiden leben oder
gut betucht sind, was wir als Person im gesellschaftlichen Leben
darstellen oder wieviel Macht und Einfluß wir besitzen –, tief drinnen in unserem Innern, in unseren Köpfen und in unseren Herzen.

Wir haben es selbst in der Hand. Wir können einiges dazu beitragen, im Alltag zufriedener zu sein. Als Materialist wird man
sich vielleicht fragen, ob sich soviel Aufwand um das bißchen Zufriedenheit denn lohne. Doch ein Optimist läßt nichts gerne im
Dunkeln liegen, das sich noch erhellen ließe. Als Optimist läßt
man nichts auf sich beruhen, was Mißbehagen und Verdruß schafft,
sondern wagt immer wieder den Versuch, es zu verändern.

Beim *inneren Selbstgespräch* setzen wir an. Unsere Gefühls- und
Gedankenwelt müssen wir beobachten. Dies ist ein günstiger Augenblick. Schließen Sie einen Moment lang die Augen und achten
Sie nur darauf, was Ihnen durch den Kopf geht. Was beschäftigt
Sie zur Zeit am meisten? Können Sie vernehmen, was die Stimme
des »Mannes im Ohr« gegenwärtig zu Ihnen sagt? Fragen Sie sich
eher: »Warum muß alles immer so kompliziert sein? Warum ist

schon wieder so ein unangenehmes Wetter? Warum macht der andere es mir so schwer?« Oder sagen Sie sich: »Es wird schon gut werden! Morgen sieht die Welt wieder besser aus! Ich sehe das nicht so eng«? Würden Sie sagen, daß Ihr gedankliches Selbstgespräch mehr auf gegenwärtig vorherrschende ungünstige Umstände konzentriert ist? Oder setzen Sie sich verstärkt mit sich selbst auseinander, beziehungsweise sind es eher persönliche Schwächen, mit denen Sie unzufrieden sind? Sehen Sie genau hin und versuchen Sie, sich selbst zu erkennen.

Lassen Sie nicht außer acht, daß alles, auf das Sie Ihre Gedanken richten, in wesentlichem Maße Ihr Lebensgefühl bestimmt. Die Gedanken bilden mit die Basis dafür, ob wir frohgemut oder enttäuscht durch den Alltag ziehen. Jeder kennt es: Von früh bis spät denkt man über irgendein »Wenn und Aber« nach. Wenn der Ärger in der Familie nicht aufgetreten wäre, wenn der dauernde Streit mit dem Nachbarn nicht wäre, wenn die Schwierigkeiten in der Beziehung nicht existierten ... Ständig lamentiert es in unserem Kopf, was alles anders sein müßte, damit wir froh und unbeschwert sein könnten: die Liebe, die Freunde, die Wohngegend, mehr Urlaub, mehr Zeit für sich selbst und so weiter – erst wenn alles den Vorstellungen entspräche, denkt man, finge das Leben richtig an. Wenn ..., dann ...

Die Lebensweise in unserer leistungsorientierten Gesellschaft fügt das ihre hinzu. Überzogene Erwartungen an das eigene Leistungsvermögen und eine vom heutigen Lebensstil initiierte steigende materielle Erwartungshaltung erweitern den Rahmen für zusätzliche ungute Selbstgespräche. Als Folge davon setzt eine ständig wachsende Mehrheit sich selbst zu sehr unter Druck. Wenn außerdem Disharmonien zu Hause vorherrschen oder ein Fehler hinzukommt, den man sich nur schwer verzeihen mag, ist das Maß schnell voll und sie sind da – die Selbstzweifel, Selbstvorwürfe und die Betrübtheit über das Leben. Der kleine Mann im Ohr hat wieder einmal die Oberhand gewonnen.

Es kann zur Regel werden, sich täglich aufzusagen, was stört oder schmerzt. In dieser Art zu denken ist sich jeder selbst der schlimmste Feind. Darum sollten Sie keinen Tag vergehen lassen, an dem Sie nicht versucht haben, mit Ihren Gedanken umsichtiger umzugehen. Auch im Gespräch mit anderen Menschen – vor allem, wenn Sie bemerken, daß Ihnen Verdrießliches ins Ohr geflüstert wird – sollten Sie Vorsicht walten lassen, um ungesunden Schlußfolgerungen einen Riegel vorzuschieben. Zeitgenossen, die abfällig sprechen und Ihnen den neuesten Klatsch aufbürden wollen, sind davon nicht ausgenommen. Ein kleiner Rat: Versuchen Sie sich von Leuten fernzuhalten, die immer nur das Schlechte denken und alles negativ sehen. Wehren Sie sich gegen zersetzende Denkmuster. Verhelfen Sie sich selbst zu einem besseren Lebensgefühl, indem Sie für den Umgang mit den »hausgemachten« Botschaften und den Botschaften anderer neue Maßstäbe setzen. Auf diese Weise können Sie manchen Gedanken, der Sie bisher beunruhigt hat, gänzlich von der Liste streichen. Eine *Veränderung der Gedankenstruktur* schützt Sie vor Unzufriedenheit und hilft Ihnen, Alltagskonflikten gleichmütiger zu begegnen.

Doch damit keine Mißverständnisse auftreten, sei betont, daß es nicht das Ziel ist, stets nur zu sagen: »Ab sofort denke ich nur noch an Erbauliches.« Das wäre ein allzu unrealistischer Vorsatz. Er birgt vor allem die Gefahr in sich, im Hinblick auf alles, was sich zum gegenwärtigen Zeitpunkt noch nicht ändern läßt, neue Unzufriedenheit zu provozieren. Gemeint ist vielmehr, sich sukzessive daran zu gewöhnen, einen *positiven Gedankendialog* zu führen. So schützen Sie sich vor der weiteren Auseinandersetzung mit sich selbst, bei der Sie sich über Gebühr kritisieren und anklagen. Zum anderen können Sie sich auf diese Weise unverkrampft dem Zustand der Zufriedenheit nähern, den Sie sich wünschen.

Beeinflussen Sie Ihr Denken also dahingehend, freundlichere Gespräche mit sich selbst zu führen. Und lernen Sie, sich auch dann noch zu mögen, wenn Sie zum Beispiel die Leistung nicht erbracht haben, die Sie sich abverlangt hatten, oder Ihr Idealgewicht trotz verheißungsvoller Diät nicht erreichten. Ansonsten liegen Sie immer mit sich selbst im Kampf. Und Sie sehen nur das, was Sie nicht sind, nicht haben und nicht können.

Erinnern wir uns daran: »Froh zu sein bedarf es wenig ...« Theoretisieren wir nicht länger, tragen wir etwas dazu bei, öfter froh zu sein. Versuchen Sie es einmal ohne Vorschau auf Ereignisse, die zuerst eintreffen müßten, sondern ausgehend von dem, was gerade ist, was Sie sind, haben und können. Und bewerten Sie es nicht als ein Abfinden mit den jetzigen Lebensverhältnissen oder gar als Resignieren vor dem Status quo, sondern als dringendes Erfordernis, in Ihrem jetzigen Alltagsleben zufriedener zu sein – vor allem mit sich selbst. Das *Zufriedenheitssystem* kann dazu eingesetzt werden, das innere Selbstgespräch erfreulicher zu gestalten.

Das Zufriedenheitssystem

»Ich kultiviere meine Gedanken«

Sowie das »Hickhack« wieder anfängt mit: »Die anderen haben mehr Glück, die anderen haben keine echten Probleme, die anderen verfügen über das bessere Aussehen, haben den Traummann oder die Traumfrau, und was hast du?«, sagen Sie: »Schluß damit!« Sonst sind Sie auf dem besten Wege, sich vom kleinen Mann im Ohr terrorisieren zu lassen, und sind bald ein geplagter Mensch. Üben Sie, Ihre Gedankenbewegung immer wieder zu kontrollieren und, falls erforderlich, zu kultivieren. Dies gelingt, indem Sie zuerst denken: »Was soll ich mit diesen furchtbaren Gedanken? Ich kann damit nichts anfangen, also weg damit!« So beginnen Sie, die Mängelrügen des drangsalierenden kleinen »Egoman« umzuwandeln und jede Negativäußerung über die eigene Person durch positive Inhalte zu ersetzen.

Nicht ständig an mögliche Fehler denken

Schalten Sie um. Legen Sie gleichsam eine neue Platte auf, schicken Sie die Gedanken an den vermeintlichen Fehler ungelesen an den Absender zurück. Sagen Sie sich: »Niemand ist vollkommen«, und: »Davon geht die Welt nicht unter.« So leicht es hier auch klingen mag – es ist ein Mittel, das hilft. Lösen Sie sich von dem quälenden Gedanken, indem Sie ihn »austricksen«. Gehen Sie spazieren, arbeiten Sie im Garten oder räumen Sie die Wohnung auf. So unterbrechen Sie das negative Denkprogramm, lenken die Aufmerksamkeit auf anderes und kompensieren das Gefühlschaos. In dieser Phase lautet das erste Gebot, auf keinen Fall gewaltsam zu versuchen, an etwas anderes zu denken, sonst verrennt man sich. Besser ist es, sich mit »Neuland« zu beschäftigen beziehungsweise etwas zu erledigen, zu dem man sonst selten Gelegenheit findet. Schlagen Sie den Zweifeln an sich selbst oder einem Schuldgefühl, das Sie quält, dadurch ein Schnippchen, daß Sie eine Liste anlegen, in die Sie Ihre Stärken eintragen. Eine erprobte Hilfe dazu bildet das Alphabet. Zählen Sie auf, was Ihnen von A wie »aktiv« und »aufgeschlossen«, bis Z wie »zuverlässig« und »zuversichtlich« an positiven Eigenschaften zu sich selbst einfällt. Es darf auch ein bißchen mehr sein. Flüstern Sie sich ruhig das eine oder andere Kompliment zu, denn wer sich selbst anklagt, muß sich auch zugestehen dürfen, gute Seiten zu haben. Gönnen Sie sich, während Sie spazierengehen oder im Haus arbeiten, einige beschauliche Gedanken und betreiben Sie diese Übung, bis der Lerneffekt eintritt: Wenn die persönlichen Vorzüge mit in die Waagschale gelegt werden, wiegen die persönlichen Schwachpunkte wesentlich leichter. Nachdem Sie beides gut abgewogen haben, werden Sie feststellen, daß ein übertriebener Hang zur Selbstkontrolle den Weg zur Zufriedenheit versperren kann. Daher gestehen Sie sich zu, daß Sie sich auch einmal irren dürfen, und nähern Sie sich so wieder einer freundlichen Grundhaltung zu sich selbst.

Unzufrieden ohne Grund?

Genau hinzusehen kann zuweilen schon genügen, um wieder froh zu werden. Wenn das Gefühl »Alles ist grau in grau« oder »Mir ist zum Heulen zumute« Sie befällt, ohne daß Ihnen ein Grund dafür

bekannt wäre, so versuchen Sie in Ihrem Leben die Meßlatte neu an-
zulegen. Erfahren Sie diesen Weg der Gedankenkultivierung, indem
Sie nacheinander benennen, was Ihnen im Leben Gutes widerfahren
ist und welches Glück Ihnen bislang zuteil wurde.

Gewohnheitsgemäß sind wir darauf eingestellt, immer nur
aufzurechnen, was nicht in Ordnung ist. Dem steht nicht selten,
wie erwähnt, eine große Erwartungshaltung an das Leben gegenüber. Sicherlich haben Sie sich auch schon gefragt, weshalb Sie
nicht der Glückliche sind, der die Lottomillionen gewann, warum
Sie nicht eine Insel in der Südsee Ihr eigen nennen dürfen oder
wieso Sie nicht mit jenem anziehenden Hollywood-Filmstar die
Nacht verbringen können. Falls Sie nun meinen: »Was hat das alles mit mir zu tun?«, so sei auf das Unterbewußtsein verwiesen,
das der Sammelbehälter für alle solche Gedanken ist. Hier lagern
sich Erfahrungen, Erwartungen, Wünsche und Träume ab, dazu
die entsprechenden Gefühlsbilder. Alles, was vom Verstand nicht
verarbeitet, jede Vorstellung, die nicht verwendet werden kann,
landet in irgendeiner Ablage unseres Gehirns. Dort schlummert
alles bis zu dem Tag, an dem es sich regt. An einem solchen Tag
behagt uns nichts: Schon der Frühstückskaffee schmeckt irgendwie nach Seife. Beim Blick in den Spiegel stellt man fest, daß man
sich selbst nicht leiden mag. Nichts, was jemand heute sagt oder
bewerkstelligt, ist richtig, und man will in Ruhe gelassen werden.
Man fühlt sich schlecht. Unser Unterbewußtsein hat sich gemel-
det. Es will die Erwartungen, Wünsche und Träume wieder ins
Blickfeld rücken, die darauf abzielen, vom Leben ein großes Stück
Kuchen zu erhalten. Es mag sein, daß das Unterbewußtsein in
jüngster Zeit Langeweile hatte und es nicht genug Ablenkung er-
fuhr. Das bis zu diesem Tag vorherrschende, mehr oder weniger
ausgeprägte Zufriedenheitsgefühl wird plötzlich zur zweifelhaften
Angelegenheit. Wir werden unzufrieden, weil wir zwischen unseren Erwartungen, Wünschen und Träumen aus unserem Inneren
und der Realität zerrissen sind. Jetzt heißt es, schnell mit sich
selbst Kontakt aufzunehmen. Bereiten Sie in sich selbst eine Atmosphäre, in welche die Zufriedenheit gerne zurückkehrt.

Indem Sie sich in Erinnerung rufen, welche Glücksfälle Ihr Leben bereits bereichert haben, wie viele erfreuliche Erlebnisse Sie verzeichnen können (zum Beispiel Reisen in ferne Länder, die Begegnung mit interessanten Menschen, die Sie auf Ihrem bisherigen Lebensweg kennenlernten) und was Sie für sich persönlich bereits erreicht haben – bis hin zu ehemaligen Wünschen, die mittlerweile verwirklicht sind –, relativiert sich die eigene Verstimmung. Wenn Sie Ihr Leben bewußt in seiner Ganzheit ansehen, erkennen Sie sofort, was das Leben Ihnen bisher schon alles geschenkt hat, und die dumpfe Unzufriedenheit verflüchtigt sich langsam. Falls Ihre Zufriedenheit auch dann noch auf sich warten läßt, hilft oft ein Blick hinüber zu den Menschen, deren Lage schlechter ist. Der eine muß zu einer komplizierten Operation in das Krankenhaus, der andere hat gerade seinen Arbeitsplatz verloren, wieder ein anderer hat ein schwerkrankes Kind zu versorgen, den nächsten hat gerade seine Frau verlassen und so weiter.

Sagen Sie an solchen Tagen daher ganz einfach nur »Danke« – während Sie im Auto fahren und das weiche Licht der untergehenden Sonne alles in wohltuenden Frieden taucht. Danken Sie, während Sie abends nach Hause kommen, sich auf die Couch legen und etwas Musik hören, um sich zu entspannen, während Sie morgens früh zum Bäcker gehen und die Brötchen für das Frühstück einkaufen, während Sie an einem freien Tag durch die Stadt schlendern. Nehmen Sie sich zehn Minuten Zeit und denken Sie dabei an Ihre Partnerin oder Ihren Partner oder das schöne Zuhause, in dem Sie wohnen. Denken Sie an den Familienanschluß, den interessanten Beruf, den netten Kollegenkreis oder die Freunde, die seit Jahren zu Ihnen stehen. Denken Sie über die Zukunftspläne nach, freuen Sie sich auf Ihre Vorhaben und sagen Sie: »Danke, daß ich gesund bin, daß ich mich frei bewegen kann. Ich kann mich sogar zu dem Gefühl hinbewegen, mit meinem Leben wieder zufrieden zu sein.«

Wenn Sie überall nur Probleme sehen

Natürlich ist kaum etwas schlimmer: Wenn die Falle aus Alltagssorgen zuschnappt, denkt man, auf der Schattenseite des Lebens zu stehen. Denn nicht jeder hat von Natur aus das Talent zum Glücklichsein, viele müssen es sich erst erarbeiten. Sollten Sie zur Zeit nicht mit erfreulichen Geschehnissen konfrontiert werden, seien Sie ein wenig getröstet: Das muß nicht so bleiben! Je eher Sie damit beginnen, Ihre Sichtweise vom Grauschleier der Problemgedanken zu befreien, desto leichter können Sie zu Ihrem ursprünglichen Lebensgefühl zurückfinden. Das geschieht freilich nicht im Handumdrehen, vor allem dann nicht, wenn Sie bereits mitten in Schwierigkeiten stecken. Aber Sie können einüben, wie Sie sich in Zukunft vor aufziehenden Gewitterwolken besser abschirmen. Die optimistische Haltung hilft Ihnen auch hier – sofern Sie es zulassen. Das Prinzip dieser Kultivierung ist es, die selbsteingeredeten »Zufriedenheitskiller« in Ihren Gedanken aufzustöbern und sie zu vernichten, indem Sie sie vom negativen »Impulsgedanken« in einen positiven »Ersatzgedanken« transformieren.

Achten Sie auf das innere Selbstgespräch und auf das, was der kleine Mann im Ohr Ihnen sagen will. Hier hilft es schon, jeden Negativgedanken durch eine kleine humoristische Wendung zu verändern. Nehmen wir an, Sie schauen aus dem Fenster und Ihr Impulsgedanke ist: »Na prima, auch das noch! Ausgerechnet jetzt muß es regnen, wo ich unbedingt wieder hinaus muß, um nötige Besorgungen zu erledigen!« Dann sollten Sie kurz innehalten und diesen Gedanken mit einem neuen, »geänderten« Gedanken beantworten. Denken Sie: »Na gut, es regnet – doch was soll's, das meiste tropft sowieso daneben.« Das hilft, die Sichtweise aufzulockern, und ist ein Beispiel dafür, wie Sie verhindern können, daß sich das Problemdenken vervielfacht.

Nehmen wir an, Sie sehen im Fernsehen die Nachrichten und Ihr Impulsgedanke ist: »Da sieht man es wieder, die Welt ist schlecht, die Menschheit verkommt, überall lauern Kriminelle,

überall sind Krieg und Katastrophen!« Gehen Sie sofort dazu über,
mit der kultivierten Gegenstimme darauf zu antworten. Leiten Sie
die positive Offensive ein: »Dieser Blick durch das Fernglas trübt.
Die Welt bietet ebenso viele begrüßenswerte Ereignisse, davon
spricht nur keiner, denn in den Medien gilt: ›Nur schlechte Nachrichten sind gute Nachrichten.‹ Ich will mich davon nicht zu negativen Bestätigungen hinreißen lassen, denn auch das trägt zu
meinem Problemdenken bei.« So engen Sie den Bereich für destruktive Gedankenkreisläufe weiterhin ein.

Falls Ihnen ein anderes Mal die Schwierigkeiten über den Kopf
zu wachsen scheinen und Sie in sich die Stimme hören: »Siehst du,
jetzt ist alles aus!«, dann retten Sie sich davor, indem Sie auch diesen Impulsgedanken mit einer Handvoll Humor zu entschärfen
versuchen, zum Beispiel: »Ich sehe gar nichts, ich habe nämlich
die Brille nicht auf«, oder: »Was denn? Nichts ist aus, solange
mich mein Deo nicht im Stich läßt!«, und weisen Sie derlei »End-
zeitgedanken« weit von sich. Denn jeder Ihrer Gedanken kann erst
dann an Macht über Sie gewinnen, wenn Sie ihm Beachtung schenken.

Setzen Sie diese Denkweise mit Ihren eigenen, positiv formu-
lierten »Ersatzgedanken« fort und versuchen Sie den Alltagsproblemen von dieser Seite her zu Leibe zu rücken. Gewiß, davon allein werden Ihre Probleme nicht gelöst. Aber Sie können wesentlich dazu beitragen, langsam zu einer zufriedeneren Haltung
zurückzufinden. Dies gelingt leichter, wenn Sie die Bereitschaft
noch nicht verloren haben, sich selbst nicht allzu ernst zu nehmen,
und Sie über sich noch lachen können. Entwickeln Sie im Alltag die
Fähigkeit, jedem Problemchen und jedem Problem eine heitere,
eine optimistische Seite zu entlocken, und nehmen Sie jedes Ge-
schehnis, das auf den ersten Blick besorgniserregend erscheint, zum
Anlaß, gedanklich umzuschalten. Auf diese Weise lassen Sie sich
vom kleinen Mann im Ohr (also von sich selbst) nicht mehr bevor-
munden und gehen mit sich selbst liebevoller um. Und das ist immer günstig – besonders in Lebenslagen, in denen Sie etwas freundlichen Zuspruch brauchen können.

»Ich kultiviere meine Persönlichkeit«

In diesem Zusammenhang tritt die Frage auf: Wann, wie und wo können Sie ganz Sie selbst sein? Denn ein Aspekt, der in erklärtem Maße zur Zufriedenheit beiträgt, ist die Möglichkeit zur Entfaltung der Persönlichkeit. Was unternehmen Sie, sich Ihrem Charakter und Temperament gemäß entwickeln zu können? Welche Freiräume haben Sie im Alltag, um Ihrem eigentlichen Selbst näher zu sein?

Lassen Sie sich dazu anregen, sich in stiller Stunde hinzusetzen, kurz Papier und Bleistift zu nehmen und Ihre Antworten auf diese Fragen festzuhalten. Schreiben Sie außerdem auf, was jenseits von Beruf und Tagesarbeit zu Ihrer Zufriedenheit beiträgt und wodurch sie beeinträchtigt wird. Finden Sie heraus, welche negativen Faktoren sich im Laufe der Zeit eingeschlichen haben. Setzen Sie stichwortartig mit auf die Liste, was in Ihrem Leben gegenwärtig im Vordergrund steht – der Partner, die Karriere, die Erziehung der Kinder, die Pflichten, mehr »ich muß« oder eher »ich möchte«?

Sollten Sie nun das Gefühl haben, daß Ihr eigentliches Wesen zu sehr eingeschränkt wird, führen Sie einen *Selbst-Test* durch. Der Test besteht aus drei Teilen. Durch den ersten Teil stellen Sie für sich selbst fest, was Ihrer Persönlichkeitsstruktur entspricht und wie Sie gerne leben möchten. Im zweiten Teil untersuchen Sie Ihren Alltag auf potentielle Ursachen, die dazu geführt haben, daß Ihre momentane Grundstimmung nicht »glücklich und zufrieden ist«. Beim dritten Teil sollen Sie darüber nachdenken, wie Sie wieder mehr so sein können, wie Sie sein möchten.

Wozu dient der Test? Ihre Notizen – haben Sie keine Scheu, in dieses Buch hineinzuschreiben – geben Aufschluß darüber, welche offenen und welche verdeckten Faktoren auf Ihr Zufriedenheitsgefühl einen Einfluß ausüben. Und Sie erkennen eher, wo Ihre Zufriedenheit vernachlässigt wird und aus welcher Zwangsjacke Sie sich innerlich befreien sollten. Mit dem Testergebnis vor Augen fällt es leichter, sich das Leben wieder so einzurichten, daß Sie vom Alltag nicht zu sehr vereinnahmt werden. Erinnern Sie sich noch einmal an jenen Grundsatz für das Optimistsein, den wir schon eingangs besprochen haben: Unsere Zukunft läßt sich zwar nicht vorhersagen, aber wir können uns aktiv dafür einsetzen, daß wir uns darin wohl fühlen. Dazu gehört vor allem, im Hier und Jetzt man selbst sein zu können. Wer mit sich und seinem Leben zufriedener sein möchte, darf nicht zögern. Sein Credo sollte lauten: »Ich kann jederzeit und an jedem Ort innerlich neu anfangen.«

Selbst-Test

A. Lebe ich mich genügend aus?

Teil 1. Fragen Sie sich ...,
wann Sie zuletzt mit sich selbst zufrieden waren, weil Sie sich spontan dazu entschlossen haben, etwas Verrücktes zu unternehmen. Was war der Anlaß dazu? Was hat Ihnen dabei am meisten Vergnügen oder Genuß bereitet? Zählte auch manches dazu, das Sie schon als Kind gern getan haben, zum Beispiel bergeweise grünen Wackelpudding essen, Karussell fahren, barfuß durch Pfützen laufen? Ist es möglich, daß Ihr Leben von streng geregelten Tagesabläufen bestimmt wird, so daß es Ihnen gefallen hat, zwischendurch einmal unvernünftig zu sein und etwa die ganze Nacht durchzutanzen, bis zum frühen Morgen Videofilme anzuschauen oder den ganzen Tag mit Müßiggang zu verbringen, obwohl Sie eigentlich vorhatten, im Haus Arbeiten zu erledigen? Waren es die Erfahrungen, sich auf etwas Neues einzulassen oder Ungewöhnliches auszuprobieren, oder war es Ihrer Ansicht nach eher das Riskante, das Sie gereizt hat, beispielsweise mit Freunden im Boot eine Wildwasserfahrt zu erleben oder mit dem Motorrad eine steile, schöne Küstenstraße entlangzurasen?

Teil 2. Prüfen Sie ...,
ob Sie in jüngster Zeit Gelegenheiten wahrgenommen haben, spontan und spielerisch zu sein. Was hat Sie davon abgehalten? Hatten Sie Angst, die Kontrolle zu verlieren? Dachten Sie, sich so

etwas nicht gönnen zu dürfen? Ist es so, daß Sie meinen, als vernünftiger Erwachsener auf Derartiges verzichten zu können?

Teil 3. Fangen Sie innerlich neu an ...,
indem Sie sich überlegen, wie Sie das »Außergewöhnliche« neu für sich entdecken können. Bedenken Sie, daß Erfahrungen, an denen Genuß und Spontaneität beteiligt sind, eine wichtige Voraussetzung für die Zufriedenheit mit sich selbst darstellen. Verdeutlichen Sie sich, daß ein Zuviel an Selbstkontrolle oder an Genußverzicht Ihre Ausstrahlung als Mensch nicht begünstigt. Halten Sie ein Auge auf die besonderen Momente, in denen Sie völlig lockerlassen und sich ausleben können. Konzentrieren Sie sich daher im Alltag etwas weniger darauf, was Sie »unbedingt« noch alles erledigen müssen. Verordnen Sie sich dafür um so mehr, von Zeit zu Zeit wieder ein Gefühl zu sich selbst zu entwickeln (auch auf die Gefahr hin, sich der Lächerlichkeit preiszugeben oder etwas auszuführen, das Sie von Ihrer Liste gestrichen hatten, weil zu es »ungesund« oder zu »gefährlich« sei), und beglücken Sie sich selbst, indem Sie sich geben, was Sie brauchen. Und verordnen Sie sich zwischendurch, das Leben manchmal als Spiel zu betrachten. Das nimmt vielen Ereignissen die Schwere.

Schreiben Sie Ihre Antworten
und Gedanken bitte hier auf

Zu Teil 1: Was möchte ich so gerne wieder einmal erleben?

_____

_____

_____

_____

Zu Teil 2: Was kann ich ändern?

_____

_____

_____

_____

Zu Teil 3: Das nehme ich mir vor!

_____

_____

_____

_____

B. Bringe ich meine Wunsch-Persönlichkeit zum Ausdruck?

Teil 1. Fragen Sie sich ...,

wann Sie zuletzt mit sich selbst zufrieden waren, weil Sie durch Ihr
Verhalten menschliches Format bewiesen haben und sich selbst –
eventuell auch anderen – zeigen konnten, was guter Stil ist. Was war
es, das dieses Gefühl in Ihnen auslöste? Kann es sein, daß Sie dabei
Wesenszüge von sich zum Ausdruck gebracht haben – etwa eine Frau
oder ein Mann »von Ehre« zu sein, gute Manieren und Zivilcourage
zu haben? Zeigten Sie sich als nicht ungehobelter, nicht lauter, sondern eher als ein kultivierter Mensch, der »nie« rücksichtslos und

respektlos handeln würde – etwa sich vordrängeln oder Menschen, die einer anderen Kultur angehören oder eine andere Hautfarbe haben, keine Achtung entgegenbringen? Hat Ihnen das Einhalten von persönlichen Prinzipien – etwa sich nie mit fremden Federn zu schmücken, auch wenn es für Sie von Vorteil gewesen wäre, stets fair im Umgang mit anderen Menschen zu sein oder sich nicht von Trends verleiten zu lassen – innerlich Befriedigung verschafft? Fühlen Sie sich selbst am stärksten, wenn Sie für eine gute Sache eintreten, für etwas Verantwortung übernehmen können und in Gesellschaft, Familie, Beruf Mut zum Profil beweisen?

Teil 2. Prüfen Sie ...,
warum Sie während der vergangenen Zeit nicht zum Ausdruck gebracht haben, was Ihrer Wunschpersönlichkeit entspricht. Was hat Sie davon abgehalten? Weshalb glaubten Sie, Ihren persönlichen Stil zurückstellen zu müssen?

Teil 3. Fangen Sie innerlich neu an ...,
indem Sie überlegen, wie Sie zu Ihrer eigentlichen Wesensart zurückfinden. Verdeutlichen Sie sich, daß Sie sich selbst ein hochwirksames Elixier für das Zufriedensein entziehen, wenn Sie Ihre Art, an Aufgaben heranzugehen, Ihr eigenes Naturell nicht ausreichend zum Ausdruck bringen. Nehmen Sie die Gelegenheit wahr und gehen Sie heute neu auf sich zu. Erweisen Sie sich selbst den Gefallen und kümmern Sie sich um jene Anteile Ihrer Persönlichkeit, die Sie in der Vergangenheit vernachlässigten. Kultivieren Sie wieder Ihren eigenen Stil, und haben Sie Freude daran, sich zum Beispiel »gentlemanlike« zu verhalten oder allem auszuweichen, das dem nicht entspricht. Stehen Sie zu Ihrer persönlichen Note und setzen Sie dort Ihren originellen Kontrapunkt, wo Sie es als passend oder notwendig erachten – wenn es sein muß, auch gegen Widerstände, denn das ist besser, als zu unterdrücken, was in Ihnen steckt. Sagen Sie sich: »Ich bin alles, was ich habe«, und denken Sie über geeignete Mittel und Wege nach, diejenigen Attribute wieder mehr zum Ausdruck zu bringen, die in Ihnen beheimatet sind.

Schreiben Sie Ihre Antworten
und Gedanken bitte hier auf

Zu Teil 1: Wie will ich am liebsten sein?

_____

_____

_____

_____

Zu Teil 2: Was kann ich ändern?

_____

_____

_____

_____

Zu Teil 3: Das nehme ich mir vor!

_____

_____

_____

_____

C. Habe ich noch Bezug
zu meinen Wurzeln?

Teil 1. Fragen Sie sich ...,
wann Sie zuletzt mit sich selbst zufrieden waren, weil Sie dem nachgehen konnten, was Ihnen schon früher viel bedeutet hat. Wodurch wurde Ihnen bewußt, daß Sie dabei wieder Kontakt zu Ihren Wurzeln aufnahmen? Wann hatten Sie den Eindruck, daß Ihnen das, was Sie ausführten, gefehlt hat? Ist es so, daß Sie in Anbetracht Ihrer Persönlichkeit heute noch davon zehren, weil diese Ihre Wurzeln vielleicht das Allerbeste und Allerwichtigste sind, was Sie je im Leben gelernt oder vollbracht haben? Welche Elemente sind davon übriggeblieben – etwa Ihr Moralverständnis, Ihre Wertmaßstäbe, Ihre Sensibilität, Ihr Hang zum Ästhetischen, Ihre Demut und Bescheidenheit, Ihr handwerkliches Können, Ihre Musikalität oder Ihre Kreativität? Wo haben Sie es gelernt und in welcher Form? Handelt es sich um das Spielen eines Instruments, darum, mit eigenen Händen etwas zu bauen oder zu zimmern, Theater zu spielen, oder hing es mit einer Reise in ein Land zusammen, in dem Sie lange gelebt haben oder dessen Menschen Ihnen etwas bedeuten? Waren es Aspekte, die Sie in Ihrem derzeitigen Umfeld sehr vermissen, wie soziales Engagement, gegenseitige Hilfsbereitschaft, ein gleichgeartetes Bildungsniveau, bestimmte Lebensweisen und Traditionen?

Teil 2. Prüfen Sie ...,
welche Handicaps Sie in jüngster Zeit daran gehindert haben, sich wieder mehr mit dem zu beschäftigen, was Ihre Person mit ausmacht. Was hat Sie zurückgehalten? Weshalb dachten Sie, sich dem nicht mehr nähern zu können, was Ihnen im Grunde immer schon sehr wichtig war?

Teil 3. Fangen Sie innerlich neu an ...,
indem Sie in sich gehen und Ideen entwickeln, wie Sie zu Ihren
Wurzeln zurückkehren können, ohne Ihr heutiges Leben aufgeben
zu müssen. Nehmen Sie zur Kenntnis, daß Unzufriedenheit schon
allein dadurch zu entstehen vermag, daß man etwas nicht mehr
weiterverfolgt, was einen im positiven Sinne geprägt hat. Unternehmen Sie den Versuch: Erwecken Sie das neu, was Sie in Ihrem
Leben entscheidend beeinflußt hat. Wagen Sie es, auch dann, wenn
Sie gebunden sind, kleine Kinder und einen anstrengenden Beruf
oder viele Verpflichtungen haben. Denn es kann sein, daß Sie eine
wunderbare Wandlung erfahren, die von Ihren Mitmenschen genauso begrüßt wird, weil Sie innerlich erfüllter und zufriedener
wirken. Nehmen Sie diese Zeilen zum Anlaß, sich etwas von dem
zurückzuholen und das lebendig werden zu lassen, auf das Ihre Person sich heute gründet und in dem Sie sich zu Hause fühlen. Sagen Sie sich: »Sei wieder mehr du selbst!«, und sehen Sie sich danach um, wann, wie und wo Sie es sein können. So mögen Sie das
Leben, das Sie führen, und auch sich selbst viel mehr als sonst.

Schreiben Sie Ihre Antworten
und Gedanken bitte hier auf

Zu Teil 1: Was hat mich geprägt?

_____

_____

_____

_____

Zu Teil 2: Was kann ich ändern?

_____

_____

_____

_____

Zu Teil 3: Das nehme ich mir vor!

_____

_____

_____

_____

4
Ich mache aus allem das Beste

Verlernen Sie das Lachen nicht!

Das ist oft schwer: den Kopf nicht hängenzulassen in Momenten, in denen uns nicht zum Lachen ist – obwohl der Urlaub zu Ende ist und morgen die anstrengende Geschäftigkeit wieder beginnt, vergnügt ein Lied zu pfeifen. Es kostet Überwindung, obwohl man miteinander gestritten hat, eine Bemerkung zu äußern, über die man wieder miteinander schmunzeln kann. Es fällt meist nicht leicht zu denken – obwohl alles ganz anders gekommen ist, als zu Anfang erhofft –: »Wer weiß, wofür es am Ende gut ist.« Und es bedarf innerer Festigkeit, obwohl man Unerfreuliches erlebt, seinen Humor nicht zu verlieren, obwohl der Himmel weint, zu lachen.

Manchmal ist es schon schwierig mit der Welt. So, wie wir sie am liebsten haben – sowohl die kleine, in der wir uns täglich bewegen, als auch die große, in der wir alle stehen –, ist sie nicht immer. Für eine große Anzahl von Menschen scheint sie allzeit unangenehm und unbequem und nie in Ordnung. Jedenfalls läßt sich dieser Eindruck gewinnen, nimmt man die üblichen Antworten auf die Frage »Wie geht es dir?« ernst. Doch wer beim Blick aus dem Fenster auf die kleine und große Welt nur düstere Wolken sieht oder sehen will, hat am Leben bald schwer zu tragen. Denn er hat kein Lachen mehr, das ihm die Bürde erleichtert.

Wir können also nicht umhin, alles zu versuchen, um uns eine innere Fröhlichkeit und auch eine Prise Unbekümmertheit zu bewahren. Was uns auch im Alltag begegnen mag, seien wir immer wieder aufs neue darum bemüht, zuversichtlich zu bleiben und uns nicht entmutigen zu lassen. Untersuchen wir jedes Geschehen genau, ob nicht doch außer der Schattenseite ein annehmbarer Impuls darin verborgen liegt – eine erhellende und vielleicht sogar erheiternde Seite, über die man, wenn nicht laut, so doch still vor sich hin lachen könnte, selbst wenn es Galgenhumor wäre. Denn die Kunst, in Situationen, die geeignet wären, uns zu enttäuschen und zu entmutigen, den Kopf oben zu behalten und daraus das Beste zu machen, läßt das Unerträgliche erträglich werden.

Natürlich ist es nicht leicht, immer positiv eingestellt zu sein. Schließlich wiegt das reale Leben zuweilen schwerer als all die guten Vorsätze. Und mit der mancherorts überstrapazierten Redensart »Das mußt du einfach positiv sehen!« allein ist die Lage noch nicht verändert – vor allem dann nicht, wenn es keine Lappalien sind, die unseren gewohnten und sicheren Rhythmus stören.

Wenn das Lachen versiegt, aussetzt, mitten im Hals steckenbleibt, weil wir etwas gesehen oder gehört haben, das uns schockierte, weil uns etwas bevorsteht, das uns ängstigt, oder weil wir etwas erlebten, über das wir niedergeschlagen sind, dann bedarf es wohl mehr als des bloßen Zurufs: »Sieh es positiv!« Aufrichten und ermutigen können wir uns letztlich nur aus uns selbst heraus. Durch den Rückgriff auf jene innere Kraft, die man als »unbeirrbaren Optimismus« bezeichnen könnte, verfügen wir über die Freiheit, uns über vieles hinweg erheben zu können, das uns sonst in die Tiefen von Traurigkeit und Verzagtheit hinabziehen würde. Wer sich in kniffligen Augenblicken auf eine wahrhaft verinnerlichte optimistische Einstellung stützen kann, weil positives Denken zu seiner Lebensstrategie wurde, und die Ereignisse mit Optimismus betrachtet, ist imstande, der Schwere mancher Vorkommnisse zu entschweben. Er hat noch die Energie durchzuhalten, wenn andere längst nach Atem ringen. Wer in schwierigen Zeiten noch lachen kann, ist reich.

Lassen Sie es daher nicht zu, daß Sie Ihr Lachen einmal verlieren. Ein ausgeprägt optimistischer Sinn ist imstande, vieles zu ertragen. Kräftigen und verfeinern Sie ihn, bis daraus jene Lebensstärke wird, die Ihnen die nötige Leichtigkeit gibt, um aus Betrübnissen und Unglück das Beste zu machen.

Das Positive vermag uns mehr seelische Freiheit gegenüber den Unwägbarkeiten des Lebens zu schenken. Es in uns zum Prinzip werden zu lassen bedeutet, den Optimismus in unser Sein zu integrieren. Das nachfolgend erläuterte *Positiv-Prinzip* beinhaltet, im Alltag einen realistischen Optimismus zu leben. Bewerten Sie den jeweiligen Schlüsselsatz »Nach dem Positiv-Prinzip zu leben ...« als eine Präventivmaßnahme, um sich vor schädlichen Einflüssen zu bewahren, und lassen Sie eine Lebensart daraus werden. Wie schon gesagt, wird es nicht immer einfach sein, »trotzdem« obenauf zu bleiben. Aber manchmal rettet allein schon der Sprung über den eigenen Schatten davor, sich unerquicklichen Vorfällen zu unterwerfen. Der Dichter CHRISTIAN MORGENSTERN hat es in einem Gedicht stimmig zum Ausdruck gebracht. Er schrieb darin, das sei Lebenskunst, »fein hinzulächeln übers große Muß«.

Das Positiv-Prinzip

»Ich halte die Stunden zusammen«

Eines Tages, ich war noch Student, saßen wir im Freundeskreis um eines der dicken, alten Fässer in einem gemütlichen Weinlokal der Altstadt. Wie schon mehrfach zuvor wollten wir hier übermütig und fröhlich das Semester zu einem guten Ende bringen.

Alle waren in bester Laune, und die Stimmung blieb ausgezeichnet. Es war Brauch, daß die Wirtin sich im Laufe des Abends zu ihren Gästen an den Tisch setzte, so geschah es auch an diesem Tag. »Sie ist das, was man eine Frohnatur nennt«, sagte einer, als sie sich inzwischen zum Nachbartisch gesetzt hatte. »Ihr Humor müßte eigentlich ärztlich verordnet werden können«, meinte ein anderer. Diese Frau hatte ein solch heiteres Wesen, wie man es nur selten findet. Immer war sie zu Späßen aufgelegt. Und wer Sorgen hatte, ging nicht, ohne sich bei ihr ausgesprochen zu haben. Denn sie war nie um einen offenes Wort verlegen.

»Was hast du denn mit deinen Haaren gemacht – eine neue Frisur?« wollte gerade jemand aus unserer Runde im Überschwang zu ihr hinüberrufen, als er von einem älteren Stammgast mit einer Geste gebremst wurde: »Wissen Sie es denn nicht«, und beugte sich zu uns herüber, »sie hat doch ihre Haare verloren und trägt jetzt eine Perücke«, sprach er mit vorgehaltener Hand. »Kein Wunder bei den vielen Bestrahlungen und Tabletten! Sie hat doch Krebs«, fügte er an. Wir sahen einander verblüfft an und waren fassungslos. Einen Moment lang sprach niemand von uns mehr ein Wort. Die Musik spielte, die Leute lachten, und vorne stand sie und lachte mit. Es war so schnell nicht zu begreifen, und doch wurde uns mit einem Mal vieles klar. Diese liebenswerte und warmherzige Frau, mit der wir schon so oft gescherzt und spaßeshalber geflirtet hatten, kämpfte um ihr Leben und ließ sich nicht das geringste anmerken. Im Gegenteil, sie war ausgelassen und genoß das Leben in vollen Zügen. Es schien so, als wollte sie jede Stunde auskosten, als wäre es ihre letzte. »Wie klein und schwach fühlt man sich angesichts der Stärke eines Menschen, der trotz alledem so lebenslustig sein kann«, sagte ich nach einiger Zeit. Wir sprachen noch eine Weile darüber. Beim späten Abschied nach der letzten Runde des Anstoßens rief sie uns wie immer hinterher: »Tschüß! Auf bald, meine Lieben!«

Wie nichtig werden plötzlich all die kleineren und größeren Probleme des täglichen Lebens, wenn uns ein Mensch begegnet, der uns fröhlich ins Gesicht sieht, obwohl er allen Grund hätte, verzweifelt zu sein! Diese Realität läßt uns zunächst verstummen. Entweder wir reagieren beschämt, weil uns in dieser Situation bewußt wird, wie sehr wir uns im Alltag über Kleinigkeiten beklagen und Gedanken an Kümmernisse verschwenden, die angesichts von Krankheit und Not geringfügig sind. Oder wir wehren jeden weiteren Gedanken daran sofort ab, aus Angst davor, nachzudenken, was geschähe, wenn es uns selbst beträfe. Beide Reaktionen sind menschlich. Doch wir können noch einen anderen Weg einschlagen, es zu handhaben – indem wir uns im Alltag etwas schaffen, durch das wir besonnener leben.

Kommen wir noch einmal auf den bedachtsamen Umgang mit der Zeit zurück, von dem wir schon im ersten Kapitel sprachen. Sie erinnern sich an die immer und überall gültige Quintessenz, daß wir mit Alltagsärger und Unannehmlichkeiten sofort leichter fertig werden, wenn wir uns täglich bewußtmachen, wie einmalig und unwiederbringlich jeder Tag ist. Nehmen wir also die obige Geschichte eines Menschen, der um sein Leben kämpft und jeden Tag voll ausschöpfen will, zum Anstoß, um ein weiteres Mal darüber nachzudenken, wie wir unsere eigene Lebenszeit nützen. Fragen wir uns: Welchen Ereignissen habe ich heute die meiste Aufmerksamkeit gewidmet? Waren es positive oder eher negative, oder hielt es sich vielmehr die Waage? Versuchen wir nun ungefähr die Zeit zu ermitteln, die wir mit der Konzentration auf Alltagsprobleme verbracht haben. Wie viele Stunden haben wir uns heute, gestern, vorgestern über Vorkommnisse erregt, geärgert, gegrämt – pro Tag eine halbe, eine volle Stunde oder mehrere Stunden? Verwenden wir, insgesamt gesehen, in der Regel sogar mehr Zeit darauf, uns mit Angelegenheiten auseinanderzusetzen, die uns eher belasten als erfreuen? Sehen wir uns diese Angelegenheiten nun genauer an: Welche davon wären es, im Vergleich zu einer tödlichen Krankheit, tatsächlich wert, sich darüber zu erregen, zu ärgern, zu grämen?

Aber es bedarf der Vorsicht. Wenn es zur Gewohnheit wird, sich mit dem, was um uns herum vorgeht, nur noch zu plagen, wenn wir den Alltag nur noch als Kampf empfinden, bedeutet das die höchste Alarmstufe. Dann müssen wir unsere Einstellung zu den unliebsamen Vorkommnissen dringend ändern. Denn anhaltende, als belastend empfundene Situationen können zu ernster Krankheit führen.

Denn eine Lebensweise, bei der wir zuviel unter negativer Anspannung stehen, schwächt die Immunabwehr des Körpers. Der Organismus wird aufnahmebereiter für Krankheiten. Die dauernde Konzentration auf Probleme und Alltagskämpfe hat nicht selten schwere Erkrankungen zur Folge. Je optimistischer jedoch unsere Lebenseinstellung ist, desto weniger erschöpft uns das, was wir erleben. Mit der positiven Einstellung leben wir also nicht nur unbeschwerter, sondern auch gesünder.

Wenn wir aufreibenden Faktoren und Alltagsbelastungen mit mehr Leichtigkeit begegnen, sind wir nicht nur fröhlicher, sondern stärken dadurch auch unsere Widerstandskräfte. Gewiß, davon haben wir alle schon etliche Male gehört oder gelesen. Aber ziehen wir Konsequenzen daraus? Nein! Wissen wir unsere Gesundheit deshalb mehr zu schätzen? Nein! Gehen wir deshalb bewußter mit unserer so knapp bemessenen Lebenszeit um? Nein, weil wir annehmen, noch unendlich viel davon zur Verfügung zu haben. Erst wenn ein einschneidendes Ereignis uns aufrüttelt – wenn wir für uns selbst und für unsere Umgebung so unleidlich geworden sind, daß wir außer der Freude auch unsere Freunde verlieren, vielleicht noch den Partner und den Arbeitsplatz, oder wenn uns der Arzt eröffnet, daß wir vom inneren Krampf und Kampf eine Krankheit davongetragen haben, fangen wir meist an zu überlegen, ob denn die Einstellung zum Leben unseren Bedürfnissen entsprach.

Sie und ich können jeden Tag etwas dazu beitragen, daß die schönste Zeit des Lebens – nämlich die, in der wir gesund sind und aktiv sein können – nicht vergeht, ohne daß wir sie ausgeschöpft haben.

Nach dem Positiv-Prinzip zu leben bedeutet, jeden Tag zu genießen, als wäre es der letzte. Sobald wir alle Tage unseres Lebens als Geschenk betrachten, gewinnt jede Stunde an Wert. Wir lassen unsere kostbare Zeit nicht mehr bedenkenlos von den Alltäglichkeiten besetzen. Wir nehmen nicht mehr jede Kleinigkeit zum Anlaß, um uns zu erregen, um verbissen um etwas zu kämpfen, das bei Licht besehen vielleicht belanglos ist, oder um sich zu sorgen, was die Zukunft bringen könnte. Wir lernen das Leben viel öfter zu feiern.

Um dorthin zu gelangen, muß etwas vorhanden sein, was uns täglich daran erinnert, nicht in unliebsame Gewohnheiten zurückzufallen. Das gelingt am besten, wenn wir ein festes Ritual einrichten – tägliche Momente, die allein uns gehören und die wir regelmäßig damit verbringen, uns unser Leben bewußtzumachen.

Mein Vorschlag wäre, jeden Morgen oder jeden Abend eine ungestörte halbe Stunde dazu zu verwenden – Zeit, die Sie bisher möglicherweise mit Gedanken an Unannehmlichkeiten verschenkt haben –, sich bewußtzumachen, daß das, was gerade vor sich geht, Ihr Leben ist. Die Empfehlung, Zeit neu zu investieren, mag zwar angesichts des dauernden Pochens darauf, mit der Lebenszeit sparsamer umzugehen, paradox erscheinen. Doch werden Sie diese Zeitspanne – wie kurz oder lang sie sein mag – bald nicht mehr missen wollen. Sie werden Sie als Bereicherung empfinden. Angenehm daran ist, daß es keinerlei Aufwands bedarf. Sie können mit dem Zug unterwegs sein oder die Blumen gießen, Ihr Gymnastikprogramm absolvieren oder aus dem Fenster schauen. Sie können sich dazu auf den Rand der Badewanne setzen und einen Moment lang vor sich hin träumen, oder Sie joggen gerade. Die Hauptsache ist, daß Sie Ihre Gedanken während dieser Zeit nur auf das eine Thema lenken: »Heute ist ein Tag in meinem Leben. Was auch geschieht, ich will alles relativieren und mich fragen, ob es wirklich wert ist, daß ich mich deswegen empöre. Ich will meine Stunden zusammenhalten und nicht vergeuden.« Mit diesem Ritual wird kein Tag Ihres Lebens mehr nur »Alltag« sein. Jeder Tag wird plötzlich zu etwas Besonderem!

»Ich verwandle einen Nachteil in einen Vorteil«

Eines Tages – es war kurz nach den Sommerferien – schrieb ich gerade an diesem Buch. Da erhielt ich einen Anruf von einer guten Bekannten. Sie ist Lehrerin und ein Mensch, der sich nie beklagt, auch dann nicht, wenn sie Grund dazu hätte. Auf meine Frage, wie ihr der Urlaub gefallen habe, antwortete sie so nebenbei: »Der Urlaub war ein Glücksfall – wenn er auch ganz anders verlaufen ist als erwartet.« Als ich mehr wissen wollte, erzählte sie mir ihre Geschichte:

»Wir hatten uns wochenlang auf diese Reise vorbereitet. Unsere Vorfreude auf die sonnigen Wochen in Griechenland steigerte sich proportional zu jedem Tag, an dem das Wetter hier bei uns naßkalt war. Außerdem hatte ich mit meinem Mann und meinem Sohn seit Jahren keine größere Reise mehr unternehmen können. Als es endlich soweit war und ich anfing, die Koffer zu packen, stellte ich fest, daß sich mit der Zeit ganze Berge von Büchern angesammelt hatten, die ich schon längst lesen wollte. Doch fand ich leider bisher nie die Muße dazu. Für mich stand fest: Die Bücher sollten mit. Nicht einen Roman wollte ich zu Hause lassen. Doch wohin damit? Unsere Koffer waren bereits randvoll. Es gab nur eine Möglichkeit – ein neuer mußte her. So wurden also aus dreien vier Koffer. Davon war mein Mann nicht gerade begeistert, denn schließlich mußte ›der Arme‹ sie auf den Flughäfen herumschleppen. Ich höre noch, wie er sagte: ›Du glaubst doch nicht im Ernst, daß du alle diese Bücher in den drei Wochen gelesen bekommst!‹

Die ersten Tage am Strand waren wunderbar. Ich genoß es, den ganzen Tag im Schatten eines Baumes zu liegen, über das türkisfarbene Meer zu schauen und nur zu träumen. Ein leichter Wind blies und streichelte die Haut. Der feine Sand unter den Füßen gab mir ein wohliges Gefühl. Meine beiden Männer waren den ganzen Tag im Wasser und schnorchelten. Abends saßen wir in einer der weiß gekalkten Tavernen und schlemmten. Kurz: Es war fast zu schön, um wahr zu sein. Vielleicht bekam ich deshalb schon in der vierten Nacht arge Bauchschmerzen. In der nahe gelegenen Ortschaft fand sich zum Glück ein Arzt, der geholt werden mußte. Als er mich untersuchte, wurde er sehr nervös, und rief immerzu nur: ›Appendix! Appendix!‹

Wenig später lag ich im Operationssaal eines Krankenhauses. Die Verständigung war schwierig, doch jeder wußte, was erforderlich war. So kam es, daß ich am anderen Morgen aufwachte, ohne dieses Anhängsel, das man ›Wurmfortsatz‹ nennt – dafür aber mit dem Bewußtsein, daß ich den Rest der Ferien wohl oder übel dem südlichen Charme meines Krankenzimmers ausgesetzt sein würde. Nichts mehr mit blauer Lagune. Vorbei mit Olivenhainen und Eukalyptusbäumen. Weder die Höhle des Zeus noch der Palast von Knossos würde von meinem Fuß betreten werden. Keine Genießerabende mehr mit erfrischendem Wein und herrlichen Speisen. Statt dessen Kamillentee, und den nur löffelweise. Zum Trost brachte mir ein völlig zerrütteter Ehemann den Koffer mit den Büchern. In diesem Moment habe ich mir gesagt: ›Mach das Beste daraus!‹ Ich bemühte mich, diesen Urlaub anders aufzufassen, und beschloß, die angenehme Seite meiner Lage richtig auszukosten. Ich las und las und ließ mich in Gedanken wegtragen, in die Welten meiner Buchgeschichten. Als die Zeit kam, zu der wir wieder nach Hause fahren konnten, war ich fast ein wenig betrübt, mein Krankenlager verlassen zu müssen. Zum ersten Mal hatte ich erreicht, was ich in noch keinem Urlaub geschafft hatte – endlich einmal alle mitgebrachten Bücher gelesen zu haben. Das war ein herrliches Gefühl.«

Schön wär's! Wenn immer alles so klappte, wie wir es uns vorstellen, hätten wir keinen Grund zur Klage. Jeder Urlaub verliefe nach Plan. Der Alltag hielte keine unangenehmen Zwischenfälle bereit. Wir wären nie enttäuscht, würden nie krank, wären nie traurig. Das Leben wäre immer leicht und gut.

Aber es kommt oft anders, als man denkt. Das hat jeder von uns schon erfahren. Es ist zwar ein Menschheitstraum, Schwierigkeiten ausschließen zu können, alles kalkulierbarer und mehr unter Kontrolle zu haben, der Vorsehung »ein Schnippchen zu schlagen«. Doch stoßen wir im täglichen Leben immer wieder auf Hindernisse und werden, oft ohne jede Vorwarnung, mit Geschehnissen konfrontiert, die nicht im geringsten unseren Wünschen entsprechen. Das eigentliche Problem aber ist, daß wir bei mißlichen Situationen viel zu schnell geneigt sind aufzugeben, in allem ein großes Unglück zu sehen und in Weltschmerz zu verfallen. Wir verwünschen das Schicksal, klagen an und schwelgen in Selbstmitleid. Wir denken sofort, das sei das Ende, und geben uns geschlagen – und vergessen oft, uns zu fragen, wie man aus der Situation noch etwas Gutes herausholen könne. Wie läßt sich die

Lage verbessern, wie gelingt es, daß aus einem Nachteil doch noch ein Vorteil wird?

Stellen Sie sich selbst auf die Probe: Malen Sie sich aus, Ihnen sei zu Beginn der wohl kostbarsten Wochen des Jahres das Malheur mit der Blinddarmentzündung zugestoßen. Wie hätten Sie reagiert? Hätten Sie den Mut, einen Urlaub, der auf diese Weise zunichte wird, zuletzt als einen »Glücksfall« zu bezeichnen? Oder würden Sie sich eher zu den Menschen zählen, die wegen eines solchen Zwischenfalls – verständlicherweise – sehr betroffen und enttäuscht wären? Möglicherweise wären Sie sogar so bitter, nie wieder eine Reise nach Griechenland zu unternehmen und die Erinnerung an das dortige Erlebnis am liebsten aus dem Gedächtnis zu streichen.

Mit optimistischer Kraft und Fröhlichkeit im Herzen läßt sich so vieles, das ungewollt und unerfreulich ist, leichter bewältigen. Versuchen Sie, eine geistige Haltung einzunehmen, mit der Sie das Leben von einem anderen Standpunkt aus betrachten. Verstehen Sie sich nicht als bloßen Spielball des Schicksals, der einmal hierhin und einmal dorthin gekickt wird und dem gleichsam nie eine Wahl bleibt.

Jedes ungewollte Geschehen, jeder »Dämpfer«, der Ihnen im Alltag widerfährt, läßt sich als eine Herausforderung begreifen, darüber nachzudenken, wie sich die Situation dennoch vorteilhaft nutzen ließe. Auf diese Weise erziehen Sie sich dazu, sich weniger auf vorgezeichnete Pläne zu verlassen. Sie erreichen mehr Flexibilität im Umgang mit unverhofften Faktoren und werden mit unbequemen Vorkommnissen besser fertig. Sagen Sie, statt zu verzagen: »Gut, das ist mir passiert. Es ist zwar nicht das, was ich mir erhoffte, doch ich nehme es an. Ich nehme es als Anstoß, um zu überlegen, wie ich meine Lage trotzdem noch zum Besseren wenden kann.« So werden kreative Kräfte freigesetzt, und Sie lernen, über nicht willkommene Zwischenfälle erhaben zu sein. Die Wahrheit in den Worten FRIEDRICH SCHILLERS ist zeitübergreifend: »Wohl dem Menschen, wenn er gelernt hat, zu ertragen, was er nicht ändern kann, und preiszugeben mit Würde, was er nicht retten kann.«

Wenn wir bereit sind, loszulassen, was unserer Vorstellung entsprochen hat, und anzunehmen, was wir nicht ändern können, ist das seelische Tapferkeit. Und wenn wir in der Lage sind, in einer unerfreulichen Erfahrung etwas Gutes zu entdecken, ist das ein Sieg positiver Lebenseinstellung. Überlebenskunst meint, sich keine Zeit zu nehmen, Vorfälle zu beklagen, keine Zeit zu lassen, mißlungenen Begebenheiten nachzuweinen, nicht dauernd zurückzuschauen. Überlebenskunst heißt, nach vorn zu sehen, wieder Mut zu fassen und den Enthusiasmus zu fördern, Ideen zu entwickeln, wie sich das, was noch zur Verfügung steht, zum Besten verändern läßt.

Wir dürfen uns nicht niederdrücken lassen. Auch wenn unglückliche Zufälle und Ereignisse uns prüfen, denken wir immer daran: Manche Katastrophe ist – von einer anderen Warte aus besehen – gar keine. Zumindest ist die Lage vielleicht nicht so schlimm, wie wir zuerst dachten. Auf jeden Fall ist sie es nicht wert, daß wir ihretwegen das Lächeln verlieren.

Nach dem Positiv-Prinzip zu leben bedeutet, allem was geschieht, eine erfreuliche Seite abzugewinnen. So wie wir uns darauf einrichten, daß sich an jeder Situation etwas Gutes findet, sind wir imstande, aus jeder Schwäche eine Stärke zu entwickeln. Durch eine geschickte Wendung verwandeln wir so manchen widrigen Zwischenfall noch in ein kleines Glück.

Wenn dies nicht ohnehin schon zu Ihrer Lebenseinstellung gehört, so üben Sie sich mindestens eine Woche lang darin, in jedem Nachteil einen Vorteil zu entdecken – auch wenn er gering und nebensächlich zu sein scheint. Halten Sie im Privatleben wie im beruflichen Bereich nach Vorfällen Ausschau, die Ihnen mißfallen, und drehen Sie an jedem dieser Ereignisse so lange, bis Sie etwas Annehmbares daran entdecken. Sehen Sie es als eine Herausforderung an und als ein Spiel, das Sie, außer mit Gefühl, mit Ihrer Intelligenz und Ihrer Kreativität zu spielen verstehen. Und behalten Sie dabei die Tatsache in Erinnerung: Dadurch, daß wir uns über ein Ereignis beschweren oder innerlich auf etwas beharren, das nicht so ist, wie wir es uns wünschten, erreichen wir nichts. Es bringt uns höchstens noch mehr Mißmut und Enttäuschungen ein. Und auf diese Weise beziehen wir aus einem Nachteil weiterhin nur Nachteiliges. Bewahren Sie deshalb den Weitblick, das Positive zu erkennen. Nehmen Sie beispielsweise einen wichtigen Termin, ein Abendessen oder eine offizielle Feier, von der Sie spontan sagen würden: »Da ist alles mißlungen«, oder: »Das hätte ich mir auch schenken können«, gleichsam als Probelauf. Überlegen Sie, ob es nicht doch etwas beinhaltete, das interessant oder neuartig war, überlegenswert und erheiternd, oder durch das Sie etwas gelernt haben. Untersuchen Sie bei anderer Gelegenheit, weshalb es nützlich sein könnte, daß Sie eine Absage erhielten – etwa in bezug auf einen Gesprächstermin, von dem Sie sich viel erhofften. Und finden Sie zu Worten wie: »Wenn es das nicht war, dann kommt sicherlich noch etwas Besseres.« Sollten Sie sich zur Zeit vielleicht fragen, wie es sein kann, daß eine jahrelange Freundschaft plötzlich in die Brüche geht, oder warum Sie ausgerechnet jetzt beruflich in eine andere Stadt übersiedeln sollen, dann beharren Sie nicht länger darauf und sehen Sie es so: »Gewiß ist das, was zu Ende geht, der Anfang von etwas, das ich mir schon immer gewünscht habe.« Denn was auch kommt – es kann ein Glücksfall sein. Optimisten wissen das!

»Ich bin kommunikativ«

Eines Tages beauftragte eine Firma mich, eine Mitarbeiterschulung durchzuführen. Das Thema lautete »Positiver Umgang mit Menschen«. In der Mittagspause kam aus der Zuhörerschaft ein junger Mann auf mich zu und bat mich, an meinem Tisch Platz nehmen zu dürfen. Ich forderte ihn auf, sich zu mir zu setzen, und während unserer Unterhaltung gestand er mir, eine entsetzliche Angst vor dem Zahnarzt zu haben. »Schon beim Anblick des Arztkittels möchte ich mich am liebsten im Schuh verkriechen«, sagte er. Er fragte, wie er diese Angst abschwächen könne. Ich antwortete: »Haben Sie je daran gedacht, daß Ihr Zahnarzt vielleicht mehr Furcht vor Ihnen hat als Sie vor ihm?« Der junge Mann sah mich ungläubig an. Ich erklärte ihm, daß es keine Seltenheit sei, daß Zahnärzte oft, bevor sie sich niederlassen, spezielle Trainings absolvieren, in denen sie lernen, Berührungsängste gegenüber den Patienten abzubauen. Denn manche Ärzte scheuen sich, Spritzen zu setzen, und haben Hemmungen, dem Patienten Schmerz zuzufügen. Andere werden unsicher, wenn sie dem Patienten etwas erklären müssen. Wieder andere stehen unter dem Druck, der Patient könne mit der Leistung unzufrieden sein und nicht mehr wiederkommen.

Mein Gesprächspartner war verblüfft, weil er den angstvollen Gedanken an den Zahnarzt noch nie bewußt mit einem menschlichen Wesen verbunden hatte. Ich riet ihm daher für seinen nächsten Termin: »Versuchen Sie, sich nicht auf sich selbst zu konzentrieren, sondern denken Sie umgekehrt. Überlegen Sie nur, wie Sie die Laune Ihres Zahnarztes positiv beeinflussen könnten. Denn die Aufmerksamkeit, die Sie ihm schenken, lenkt Sie von Ihrer Angst ab, und Sie können sich besser entspannen. Werfen Sie, auch wenn Ihnen nicht nach Scherzen zumute ist, gleich zu Beginn eine heitere Bemerkung ein. Beantworten Sie das obligatorische ›Wie geht es Ihnen?‹ Ihres Zahnarztes zum Beispiel mit einem: ›Noch gut‹ oder ›Am liebsten gut‹, und lächeln Sie. Sie werden sehen, das mildert Ihre Angst vor Bohrer und Spritze, und Ihr Arzt nimmt Sie sogleich freundschaftlicher an. Sprechen Sie, wenn möglich, einige Worte miteinander. Vielleicht beziehen Sie sich auf die Bilder im Wartezimmer, oder Sie fragen, ob er segeln war. Versuchen Sie die Stimmung aufzulockern. Auf diese Weise vergessen Sie Ihre Not. Und Ihr Zahnarzt, der den ganzen Tag lang Menschen vor sich hat, die über Beschwerden klagen, wird über diese Art des Kontaktes froh sein. Betrachten Sie es so: Sie bescheren ihm an einem gewöhnlichen Arbeitstag einen außergewöhnlichen Moment. Das wird ihm neuen Schwung geben und ihn zugleich motivieren, Sie als Patienten besonders vorsichtig zu behandeln. Und Sie machen für sich aus dieser Situation das Beste: Alles ist nur noch halb so schlimm – und es schmerzt viel weniger.«

Miteinander zu sprechen und zu lachen ist das Öl in dem oft so rostigen und frostigen Getriebe des täglichen Lebens. Ob wir in Schwierigkeiten stecken oder uns nur vor einem Besuch beim Zahnarzt fürchten – durch etwas gegenseitige Aufmerksamkeit fühlen wir uns alle wohler und als Menschen angenommen. Ohne ein nettes Wort, ohne einen Spaß, ein kleines Gekicher und Gelächter würde sich im Alltag alles hart ineinander verkanten. Ohne, anstatt nur für uns selbst, auch für unsere Mitmenschen Interesse und Verständnis aufzubringen, würden wir innerlich voreinander erstarren.

Viele Menschen kümmern sich fast nur um sich selbst. Erschöpft von der ständigen Konzentration auf die eigenen Aufgaben und Belastungen, haben sie für andere kaum mehr Zeit und Gedanken übrig. Ob Gemeinschaftsgefühl oder Anteilnahme – anderen Menschen Aufmerksamkeit zu schenken, ist oft nicht mehr Teil des Alltagsbewußtseins, meist denkt und handelt jeder für sich alleine.

Wahrscheinlich ist es Ihnen ebenso aufgefallen: Kaum jemand gönnt dem anderen ein Wort mehr als nötig. Selten hört man, wie einer dem anderen ein kleines Kompliment schenkt oder sich lobend über etwas äußert, von dem er annimmt, daß es dem anderen gefällt. Selten sieht man, wie jemand ehrliche Bereitschaft zeigt zu erfahren, was den anderen bewegt. Selten erlebt man, wie jemand sich bemüht und darüber nachdenkt, womit er einem anderen eine Freude bereiten kann. Oft, viel zu oft, beobachtet man, wie jeder damit beschäftigt ist, die eigenen Schwierigkeiten immer wieder groß vor sich aufzubauen.

In der Regel konzentrieren wir uns wohl alle etwas zu sehr auf die persönlichen Belange. Wie oft denken wir, unsere Situation sei die einzige auf der Welt! Vergessen wir doch nicht, daß andere Menschen ebenfalls ein »Päckchen« zu tragen haben.

Natürlich können wir uns auf den Standpunkt stellen: »Was interessiert mich der andere? Es ist mir doch einerlei, ob er auch Probleme oder Bedrängnisse hat. Jeder muß eben sehen, wie er fertig wird. Ich habe den ganzen Tag ein volles Programm. Und wenn ich zum Zahnarzt gehe, will ich nicht ›übers Wetter diskutieren‹, sondern er soll mir möglichst rasch helfen, denn dafür wird er schließlich gut bezahlt.« Ein solcher Gedankengang ist verständlich, doch mit dem Optimismus, den wir bereits ansprachen, hat er nichts gemeinsam. Daher seien alle, die in diesem Punkt noch unentschieden sind, ermutigt, den etwas weniger bequemen, aber positiven Weg zu gehen, denn er lohnt sich in jeder Beziehung. Und woher sollten wir sonst die Gewißheit nehmen, daß unsere Welt eines Tages im Zustand der Ichbezogenheit und gegenseitigen Gleichgültigkeit nicht gefriert? Wenn niemand mehr von sich aus dazu bereit ist, einem anderen das Gefühl zu geben, ein wertvoller Mensch zu sein, herrscht überall bald ein ziemlich eisiges Klima.

Wenn wir dies heute zu ändern beginnen – denn einer muß immer den ersten Schritt unternehmen –, ziehen wir andere dadurch mit. Wir sind in der Lage, die Atmosphäre vielerorts zu verbessern. Denn wir haben eine Begabung für die sonnige Seite. Wir können zähen und ernsten Alltagssituationen etwas Gelöstheit und Heiterkeit entlocken. Selbst wenn wir meinen, es sei nicht angebracht oder uns fiele dazu nichts ein – lassen wir es doch auf einen Versuch ankommen. Vergraben wir uns nicht in uns selbst. Gehen wir öfter aus uns heraus. Wir brauchen dazu keine »Stimmungskanone« zu sein. Das gelingt auch mit leisen Tönen.

Nach dem Positiv-Prinzip zu leben bedeutet, sich für Menschen zu interessieren. Kaum haben wir diesen Optimistenweg eingeschlagen, stellen wir fest: Vieles gelingt besser als zuvor. Etwas freundliches Interesse nehmen alle gerne entgegen. Denn jeder Mensch möchte wahrgenommen und respektiert werden. Dieses elementare Bedürfnis gehört zum Menschsein. Indem wir zeigen, daß wir auf unsere Mitmenschen eingehen und um ein gutes Verhältnis zu ihnen bemüht sind, üben wir einen positiven Einfluß auf sie aus. Auch für uns selbst ist dies förderlich. Denn je kommunikativer wir sind, desto mehr erhalten wir durch die Freude der anderen darüber zurück. Und das hat zur Folge, daß wir uns weniger mit uns selbst beschäftigen und für eine Weile die eigenen Probleme vergessen. Und plötzlich ist manches kleine Problem in die Ferne gerückt.

Lassen Sie sich anregen und beginnen Sie, wo immer Sie Menschen begegnen, ein kurzes Gespräch. Gemeint ist nicht, jemandem eine Unterhaltung aufzuzwingen, der signalisiert: »Ich will meine Ruhe haben.« Ebensowenig sollen Sie nun zur redseligen Person werden, obwohl Sie sonst eher distanziert sind. Versuchen Sie lediglich anderen gegenüber kontaktfreudig und offen zu sein anstatt in sich gekehrt. Und ziehen Sie in Betracht, daß Sie dadurch, daß Sie kommunikativ auftreten, fast jede Situation, die Sie im Alltag erleben, beeinflussen können. Zu gut fünfzig Prozent liegt es in Ihrer Hand, ob eine Situation angenehm oder weniger angenehm verläuft. Irgend etwas Positives können Sie immer dazu beitragen.

Denken Sie zum Beispiel an ein wenig *Mitgefühl*: Erkundigen Sie sich danach, was den anderen bewegt. Fragen Sie, wie es ihm ergangen ist, ob er gute oder schlechte Erfahrungen gesammelt hat. Freuen Sie sich mit ihm, nehmen Sie diese Freude mit durch den Tag, wenn der andere Erfreuliches berichtet. Oder geben Sie dem anderen etwas von Ihrer Stärke ab, wenn Sie sehen, daß er bedrückt oder besorgt ist. Hören Sie entweder nur zu, oder nehmen Sie Ihnen Nahestehende freundschaftlich in den Arm. Vermitteln Sie, daß Sie an den anderen gedacht haben, oder schreiben Sie einen aufmunternden Brief. Jedenfalls zeigen Sie, daß Sie den anderen als Menschen wertschätzen und Anteil nehmen. So geben Sie Ihrem Nächsten das Gefühl, eine Last nicht allein tragen zu müssen, und erleichtern es ihm ein wenig. Und für sich selbst gewinnen Sie die erhebende Gewißheit, für Ihre positive Überzeugung eingetreten zu sein, dadurch erhellt sich das eigene Lebensgefühl ebenfalls.

Oder schenken Sie dem anderen Ihre schönsten Worte, als *Anerkennung* und *Lob*. Es ist keine unaufrichtige »Schmeichelei«, beifällig zum Ausdruck zu bringen, was für einen anderen Menschen von Bedeutung ist. Seien Sie daher freigebig, wenn Sie zum Essen eingeladen sind – loben Sie die geschmackvolle Wohnungseinrichtung, interessieren Sie sich für die Hobbys des Gastgebers, sprechen Sie die Köchin oder den Koch auf die köstlichen Speisen an. Finden Sie immer ein paar nette Worte, wenn Sie auf Reisen sind, im Hotel wohnen, mit dem Kellner reden oder mit dem Personal eines Geschäftes, das Sie betreten. Geben Sie jenen, deren Dienste Sie in Anspruch nehmen, mit einem freundlichen Wort zu verstehen, daß Sie sie nicht als unbedeutende Rädchen im Getriebe ansehen, sondern als Menschen, und zeigen Sie sich auch dann nachsichtig, wenn es einmal nicht wie gefordert abläuft. Geizen Sie, wenn es angebracht ist, nicht mit Komplimenten. Ob Schönheit, Können, Fleiß oder Bemühen – eine Bemerkung, die Bewunderung ausdrückt, ist weder ein Zeichen übertriebener Artigkeit, noch gehört diese Umgangsform der Vergangenheit an, denn jeder ist dafür empfänglich. Ein kleines Kompliment im richtigen Augenblick kann für den anderen zu einem großen Glücksmoment werden. Und wenn Sie sehen, daß der andere sich freut, wirkt diese Freude auf Sie zurück.

Betreiben Sie diesen »Positivsport«, anderen Menschen Interesse zu schenken und kommunikativ zu sein, regelmäßig. Überlegen Sie nicht lange, ob der andere sich Ihnen gegenüber genauso verhalten würde – wagen Sie es einfach. Beobachten Sie sich dabei: Sich weniger auf sich selbst und etwas mehr auf andere zu konzentrieren, kann das eigene Befinden erheblich zum Positiven verändern. Denn nun denken Sie auf andere Weise über sich selbst nach. Und Sie lachen mit dem anderen, obwohl Ihnen vorher vielleicht nicht zum Lachen zumute war.

»Ich achte auf schöne Momente«

Eines Tages reiste ich in das Land, in dem »die Zitronen blühen«, um an einer Tagung teilzunehmen. Nach längerer Autofahrt hielt ich am Abend in einem norditalienischen Städtchen, um dort zu übernachten. Ich stellte meinen Wagen auf der Piazza ab, auf der noch andere Autos parkten, aß zu Abend und fiel müde ins Bett.

Als ich am nächsten Morgen aus dem Hotel trat, sah ich keine Piazza mehr. An ihrer Stelle war ein Markt, auf dem reges Treiben herrschte. Von den Autos fehlte jede Spur. Ich war verwirrt und wandte mich an den Hotelbesitzer. Kurz darauf wußte ich zwar, daß ich wohl das entsprechende Hinweisschild übersehen haben mußte, nur, wie ich mein Auto zurück erhielt, das wußte ich nicht. Die Zeit drängte. In einer Stunde wollte ich am Zielort sein und hatte noch ein ziemliches Stück Weg zurückzulegen. Da kam ein Italiener auf mich zu, der alles mit angehört hatte. Er sprach meine Sprache besser als ich seine. Er sagte, ich solle mich nicht sorgen und mich in das Café setzen, er würde das Auto beschaffen. Mir war die Angelegenheit nicht ganz geheuer, trotzdem händigte ich ihm den Autoschlüssel aus, begab mich, wie er geraten hatte, in das Straßencafé nebenan und wartete.

Die Zeit verging, und immer öfter sah ich nervös auf die Uhr. Mir wurde langsam klar, daß die Tagung ohne mich beginnen würde. Es war nicht mehr zu ändern. Zuerst war ich verärgert und dachte: »Nun war die lange Reise vergeblich!« Doch nach einer Weile verflog mein Ärger. Mir blieb nichts anderes übrig, ich mußte mich mit der Situation abfinden. Allmählich versuchte ich mich zu entspannen und sah dem Leben auf der Straße zu. Ich wurde ermuntert, ein Stück Kuchen zu probieren, wechselte ein paar Worte mit der Signora hinter dem Büfett und ließ allem seinen Lauf. Ich genoß den sonnigen Vormittag – wenn auch gezwungenermaßen. Da hupte es. Mein Wagen stand wieder da. Der hilfsbereite Einheimische hatte ihn von einem Platz vor der Stadt geholt. Er hatte mit den Leuten verhandelt, so daß nicht einmal eine Gebühr fällig wurde. Als ich mich bedanken wollte, winkte er ab. Keine Lira wollte er annehmen. Lediglich zu einem Espresso ließ er sich überreden. Ich berichtete, daß ich es mir in der Zwischenzeit habe gutgehen lassen, und bemerkte mit einem lachenden und einem weinenden Auge, es sei doch auch viel gesünder, zwischendurch das Leben zu genießen, als nur von Termin zu Termin zu jagen. Er schmunzelte und murmelte, dann hätte ich es ja dem »alten Conte« gleichgetan. Da ich das nicht verstand, sagte er, in seiner Heimat erzähle man sich die Geschichte von einem Grafen, der sehr, sehr alt wurde, weil er ein Lebensgenießer par excellence war: »Er verließ niemals das Haus, ohne sich zuvor eine Handvoll Bohnen einzustecken. Er tat dies nicht etwa, um die Bohnen zu kauen. Nein, er nahm sie mit, um so die schönen Momente des Tages bewußter wahrzunehmen und um sie besser zählen zu können. Für jede positive Kleinigkeit, die er tagsüber erlebte – zum Beispiel einen fröhlichen Plausch auf der Straße, das Lachen seiner Frau, ein köstliches Mahl, eine feine Zigarre, einen schattigen Platz in der Mittagshitze, ein Glas guten Weines –, für alles, was die Sinne erfreute, ließ er eine Bohne von der rechten in die linke Jackentasche wandern. Manchmal waren es gleich zwei oder drei. Abends saß er dann zu Hause und zählte die Bohnen aus der linken Tasche. Er zelebrierte diese Minuten. So führte er sich vor Augen, wieviel Schönes ihm an diesem Tag widerfahren war, und freute sich. Und sogar an einem Abend, an dem er bloß eine Bohne zählte, war der Tag gelungen – hatte es sich zu leben gelohnt.«

Ich fuhr weiter und nahm diese kleine Geschichte mit auf den Weg. Seither sind viele Jahre vergangen. Das Lebensrezept des alten Conte aber ist mir geblieben. Den Bohnentrick habe ich im Alltag übernommen. Und da einfache Rezepte oft wirkungsvoller sind als mancher ausgefeilte Vortrag, habe ich ihn bereits häufig weitergegeben. Vielleicht begegnen Ihnen Damen und Herren, deren Jackentaschen mit Bohnen gefüllt sind. So bin ich für jenen Zwischenfall in Italien heute noch dankbar. Ich weiß, ich kann nicht nur, sondern ich muß den positiven Kleinigkeiten jeden Tag Beachtung schenken. Und vieles ist mir seitdem »eine Bohne wert«.

Wir alle kennen diese Erfahrung – ob zu Hause, unterwegs oder am Arbeitsplatz, wir denken immerzu an das, was sein wird, in ein paar Stunden oder morgen. Wir beschäftigen uns in Gedanken mit dem, was uns bevorsteht. Wir träumen von dem, was wir irgendwann einmal erreichen werden. Wir wünschen uns etwas und denken: »Wenn ich es erst habe, dann geht es mir gut, dann bin ich glücklich.« Aber das Geschehen in diesem kurzen

Moment nehmen wir oft nicht gebührend wahr. Wir sehen, hören, riechen, schmecken, berühren es nicht, weil wir in Gedanken zu sehr abgelenkt sind. Das aber bedeutet – wie an anderer Stelle schon erwähnt –, daß es uns entgeht und wieder davonfliegt, bevor wir es genießen und auskosten konnten. Der kleine Glücksmoment kann so schön und so grandios sein, wenn wir ihm nur ein Quentchen mehr Aufmerksamkeit schenkten.

Wir verlieren im Alltag leider allzusehr den Blick für die Augenblicke des Glücks, die liebevollen Kleinigkeiten und das Schöne um uns, vieles wird selbstverständlich. Denn öfter als zu sagen: »Der Tag war gut«, oder: »Der Tag hat sich gelohnt«, antworten wir beim Heimkommen auf die Frage »Wie war es heute?« mit: »Na, es geht so, das Übliche. Es hätte besser sein können.«

Dabei geben wir uns solche Mühe, uns außerhalb der beruflich gebundenen Zeit und zwingend notwendiger Tätigkeiten einige wohltuende Minuten zu gönnen. Nur scheint es nie zu reichen, irgendwie kommt immer irgend etwas dazwischen. Und das ist nicht unbedingt etwas Erfreuliches. Eigentlich sind es nur Bagatellen: Das Fernsehgerät ist defekt, die Tochter hat Liebeskummer, die Straßenbahn hat eine Stunde Verspätung, im Büro fallen Überstunden an. Aber die Summe solcher Alltagsnichtigkeiten, die Anforderungen im Beruf, die Verpflichtungen – das alles in gewisser Dichte strengt an, verstellt die Aussicht auf das Erhabene in allernächster Umgebung. Es bleibt kaum Gelegenheit, schöne Momente einzufangen, keine Muße für sinnliche Verführungen und zuwenig Ruhe für etwas Nachdenklichkeit und Aufmerksamkeit für sich selbst. Daher sind sie zu selten – die Abende, an denen wir uns genüßlich zurücklehnen, des Tages freudige Augenblicke Revue passieren lassen und mit Befriedigung sagen: »Das war ein gelungener Tag.« Solche Tage sind eher die Ausnahme. Der nicht besonders berauschende, mittelprächtige Tag ist die Regel. Und für viele ist es kaum vorstellbar, daß in unserer eiligen Zeit auch ein Lebensgefühl erfahrbar ist, das – im positiven Sinne – von mehr Leichtlebigkeit und, trotz Unrast und Geschäftigkeit, von einem Blick auf die erquickliche Seite des Lebens geprägt ist.

Wie aber ließe es sich einrichten? Die einzige Chance, dem Tag »trotz allem« zu seinem Gelingen zu verhelfen, ist: »Wir müssen lernen, uns selbst ein wenig mehr zu lieben.« Folgen wir dieser kostbaren Lebensweisheit, erhalten wir mehr Sinn für das Schöne und sind leichter imstande, uns sogar an einem hektischen Tag genug Raum für erfreuliche Gefühle zu schaffen. Denn es ist ein Phänomen unserer Zeit, daß viele Menschen glauben, sobald der Kalender nicht vor Terminen überquelle, würden sie ins Nichts abgleiten, und alles bräche zusammen. Sich selbst zu lieben bedeutet aber, seinen Bedürfnissen mehr Aufmerksamkeit zu widmen, sich ohne schlechtes Gewissen Mußestunden zu gönnen und auch dann ein positives Selbstwertgefühl zu haben, wenn man einmal bequem ist oder den eigenen Erwartungen nicht entsprochen hat.

Wenngleich das Wort »Selbstliebe« in unserer Kultur leicht auf Abwehr stößt, weil viele dabei irrtümlich an Selbstverliebtheit und Selbstsucht denken, ist doch das »Sich-selbst-lieben-Können« die nötige Voraussetzung dafür, anderen Menschen Liebe geben zu können. Und wer für sich selbst einen liebevollen Blick entwickelt, erkennt das kleine Glück, das ihm auf Schritt und Tritt begegnet viel eher: Zuneigung, Anerkennung, Freundschaft, ein Kinderlächeln, ein ruhiges Plätzchen, ein Moment der Stille, das Einssein mit dem Augenblick. Wer sich selbst gut leiden kann, ist lebendiger und ein besserer Genießer. Wer sich hingegen »selbst nicht mag«, bereitet sich Verdruß – nichts ist gut genug, der Blick ist allein auf das Negative fixiert, der Kopf ist auf Sicherheitsdenken eingestellt, das Haben ist das Wichtigste.

Doch weder Selbstlosigkeit, Selbstverleugnung noch Ausflüchte wie »Ich bin immer so beschäftigt, da ist keine Gelegenheit, mich zwischendurch einmal gehenzulassen« oder »Ich darf doch nicht einfach herumsitzen und nichts tun, das geht doch nicht« sind dazu geeignet, eine gereizte Seele zu streicheln. Wir können wählen: in der Freizeit die schönen Augenblicke zu zählen oder die Zeit lieber damit zu verbringen, die Bankzinsen auszurechnen. Wer sich auch an einem harten Tag hier und da spontan eine Pause gönnt und es sich nicht nehmen läßt, die kleinen besinnlichen Momentaufnahmen zu Hause, unterwegs und am Arbeitsplatz wahrzunehmen, bringt bunte Farbkleckse in das Grau seines Alltags, läßt ihn zu einem abwechslungsreichen, frohstimmenden Gemälde werden.

Jeden Tag haben wir viele Möglichkeiten, uns an Glücksmomenten zu erfreuen. Wir brauchen nur offen zu sein, unsere Sehgewohnheiten zu ändern. Vergessen wir vor allem nicht, daß nichts im Leben sich wiederholen läßt, jeder Augenblick einmalig ist. Damit haben wir uns an anderer Stelle bereits ausführlich befaßt. Achten wir darauf, die schönen Momente nicht zu versäumen. Senken wir doch lieber unsere materiellen Ansprüche ein wenig und lernen wir wieder, das Einfache zu genießen. Denn immer höhere Ansprüche lassen das Glück nicht mehr erkennen, und wir verlernen es, nur zu leben. Ahmen wir ein bißchen Südländisches nach und richten wir unser Dasein nicht allein nach dem Terminkalender, versuchen wir nicht in allem, perfekt zu sein. Halten wir unsere Nachdenklichkeit wach und verlieren wir nicht den Sinn für das intuitive Erfassen und das Spontane eines einmaligen Augenblicks. Gönnen wir uns etwas »Laisser-faire« und »Leichtlebigkeit«. Das ist die Freiheit des Optimisten: des Tages Arbeit zu erledigen und – außer sich zu fordern – zwischendurch sich selbst zu verwöhnen und die Seele zum Lächeln zu bringen.

Nach dem Positiv-Prinzip zu leben bedeutet, jeden gewöhnlichen Tag zu einem besonderen zu gestalten. Von dem Tag an, an dem wir gleichsam immer ein paar Bohnen bei uns tragen, um schöne Momente zu zählen, zeigt sich die Woche von der besten Seite. Die Wahrheit unserer täglichen Umgebung, unserer Gegenwart, unseres persönlichen Hintergrunds verändert sich. Wir konzentrieren uns nicht lediglich auf das Negative, sondern werden mit jeder Bohne neu erinnert: »Moment mal, da war doch noch etwas anderes.«

Einige weitere Empfehlungen sollen den Umgang mit dem Tag erleichtern helfen: Belassen Sie trotz Terminhetze Momente, in denen Sie »die Batterien wieder aufladen« können. Gönnen Sie sich nachmittags oder abends etwas Zeit, um über sich selbst und den Tag nachzudenken. Schließen Sie währenddessen die Augen und entspannen Sie sich. Oder, was noch besser ist, schreiben Sie auf, was Sie an diesem Tag mit Freude erfüllt hat – besonders die Kleinigkeiten. Sie können auch ein Büchlein anfertigen, in dem Sie Schöngeistiges zusammentragen – Gedichte, Artikel, Abbildungen, die zu Ihrer Erbauung beitragen. Oder schreiben Sie ein »Schmunzelbuch«, in dem Sie humorige Begebenheiten festhalten. So haben Sie an Tagen, an denen kein anderer heller Punkt am Horizont erkennbar ist, ein kunstsinniges oder ein belustigendes Sammelsurium zur Verfügung, das Sie dazu anhalten wird, das Beste aus dem Augenblick zu machen. Richtig eingesetzt, dient Ihnen dies als positiver Ideenquell. Es bietet Raum für Gefühle, für Romantik, gibt Ihnen Gelegenheit, von der Gedankenwelt des Alltags Abstand zu nehmen, und verleiht dem Feierabend mehr inneres Wohlbehagen.

Und wenn ein langer Tag endet, gehen Sie nicht mit dem Arbeitsplan für den nächsten Tag im Kopf zu Bett. Finden Sie eher in Erinnerung an des Tages schöne Momente in den Schlaf. Picken Sie sich aus der Zahl der Tagesereignisse die Quintessenz heraus, alles, was Ihnen »eine Bohne wert« war, und versuchen Sie in Gedanken daran einzuschlafen. So machen Sie sich das Einfachste zum Geschenk und koppeln sich an jenes Glücksprogramm an, das der Dichter JOACHIM RINGELNATZ mit den Worten beschrieb: »Lebe, lache gut! Mache deine Sache gut!«

5
Ich schenke
dem Leben
mein Vertrauen

Wenn Sie einmal nicht mehr weiterwissen ...

Wir erleben viele schöne Momente, daneben aber auch Tragödien: einen Unfall, ein berufliches Mißgeschick, das Ende einer Liebe, den Tod eines Menschen. Plötzlich gerät das Leben aus den Fugen. Wir sind erschüttert und begreifen nicht, was geschehen ist. An den meisten von uns geht diese Erschütterung nicht spurlos vorüber, sie geraten in eine Krise. Fast jeder zieht sich in einem solchen Fall in sich selbst zurück und hadert mit dem Schicksal. Man denkt: »Warum mußte das geschehen? Das ist das Ende!« Und allmählich zeigt sich entsetzlich klar, daß von jetzt an nichts mehr so sein wird wie früher – die Tage, die Abende, die Wochenenden, das ganze Leben. Man spürt den beißenden Schmerz, daß uns etwas genommen wurde, das zu uns gehörte, das für unser Dasein selbstverständlich war. Nun fühlen wir uns abgeschnitten von einem vertrauten Gefühl, von einer Gewißheit, die unserem Leben einen Sinn gab, eine Aufgabe und Kraft für das Alltagsleben.

In diesen Momenten kommen meist nur Verzweiflung und Tränen, manchmal auch Wut und Selbstvorwürfe. Nichts hat mehr einen Wert. Wir fühlen uns allein mit unserer Traurigkeit, mit unserem Schicksal und im Stich gelassen. Diese Gefühle überdecken alles. Eine Zeitlang besteht nichts anderes mehr – vor allem dann, wenn wir morgens aufwachen und feststellen, daß alles kein böser Traum war, und besonders wenn es abends dunkel wird und das quirlige Tagesgeschehen uns nicht länger vorzutäuschen vermag, es ginge alles den gewohnten Gang, als wäre nichts geschehen.

An diesem Punkt, an dem wir nicht mehr wissen, wie es weitergehen soll und ob wir jemals darüber hinwegkommen werden, müssen wir irgendwoher neue Kraft schöpfen, um weiterleben zu können und schließlich einen Neuanfang zu wagen. Denn ob berufliches Unglück oder ein Klinikaufenthalt, ob Liebesschmerz oder die leidvolle Erschütterung über den Verlust eines uns nahestehenden Menschen – wir dürfen nicht verzagen, nicht den Lebensmut verlieren. Wie gerne würden wir uns am liebsten nur noch betäuben und fallenlassen, doch wir dürfen uns nicht aufgeben. So heftig der seelische Schmerz auch sein mag, wir müssen die Lähmung der Traurigkeit überwinden und dagegen ankämpfen. Denn das Leben muß weitergehen.

Dieser Punkt der mehr oder minder heftigen Lebenskrise bildet die Spitze dessen, was mit einer durch positives Denken geprägten Lebensführung zu bewältigen ist. In der Krise erfahren wir ein Höchstmaß an negativer Gedankenenergie und durchleben tiefes Leid. Hier angelangt – wenn beruflich, familiär, seelisch, körperlich alles zusammenbricht und wir vom Schicksal einen Stoß erhalten –, befinden wir uns meist an einem Wendepunkt. Unser Leben erhält eine andere Richtung. Jetzt hängt es von uns selbst ab, ob wir uns davon überwältigen lassen und resigniert unter der Last zusammenbrechen oder ob wir genügend positive Kraft behalten, die Krise als Aufforderung zu verstehen, über unser Gestern nachzudenken und das Leben neu zu ordnen.

Leicht ist dies nicht zu bewerkstelligen. Was wir vor allem brauchen und was das Auferstehen aus der Krise sogleich hoffnungsvoller werden läßt, ist, die Motive des Optimismus verinnerlicht zu haben. Wenn wir es wagen, dem Optimismus eine Chance zu geben, ist die Krise zu überwinden. Das ist mitunter eine Gratwanderung. Denn unser Herz hängt vermutlich nach wie vor an der Vergangenheit. Wir beklagen, was wir verloren haben, kreisen in Gedanken um das, was uns so schmerzlich erschüttert hat oder was wir uns sehnlichst zurückwünschen. Doch die Verbundenheit mit dem, was war und nicht mehr ist, kann auf längere Sicht destruktiv sein und steht dem Neuanfang breit im Weg.

Deshalb gilt es nun zu lernen, das Geschehene zu akzeptieren und sich davon zu lösen. Jetzt wird uns das Maximum an positivem Denken abverlangt, um das allerschwerste Hindernis aus dem Weg zu räumen: die Angst davor, ein anderes Leben leben zu müssen.

Jetzt bedarf es des Vertrauens – als Grundlage dafür, über den Krisenschmerz hinwegzukommen. Vertrauen bildet die Basis, um die Angst vor einem anderen Leben zu bewältigen und neue positive Gedanken aufzubauen. »Doch wem oder was soll ich vertrauen? Wie vermag ich voller Vertrauen an die Zukunft zu glauben, wenn sich meine schönsten Träume zerschlugen, ich enttäuscht und verletzt bin, mir das Liebste genommen wurde?«

Wir haben nur zwei Wege: Entweder wir bleiben in dem Leid gefangen, das uns durch einen beruflichen Fehlschlag, eine persönliche Enttäuschung, eine schlimme Krankheit, das Verlassenwerden vom Partner, den Todesfall eines vertrauten Menschen – und was sonst immer – zugefügt wurde. Oder wir lernen mit der Vergangenheit abzuschließen und neues Vertrauen für die Zukunft aufzubauen – auch wenn wir nicht wissen, wie diese für uns aussehen wird. Denn wir sind nicht dazu geboren, uns nur im dunklen Zimmer zu verkriechen, in Depressionen und Selbstmitleid zu versinken und zu glauben: »Das Leben liebt mich nicht.« Es ist nicht der Zweck des Lebens, die Wut über des Schicksals Bitterkeiten selbstzerstörerisch gegen sich selbst zu richten oder Haß auszubilden und ihn auf andere Menschen zu übertragen. Vielmehr sollten wir die »blaue Blume«, den Schlüssel zum Paradies, vielleicht sogar zu einem besseren Leben als vorher, darin suchen, uns voller Optimismus neu zu orientieren. Denn Wut, Anklagen und unbeantwortbare Fragen nach dem »Warum« ändern nichts, die Tatsachen bleiben. Daher sind wir, so schwer es auch sein mag, dazu aufgerufen, das Klagen abzuschließen und uns auf ein verändertes Leben einzulassen. Trauen wir dem Unbekannten. Wenn uns der Sinn von manchem Verhängnis auch verborgen bleibt und uns das Leben immer wieder neue Rätsel aufgibt – finden wir Trost in Worten wie denen des DALAI-LAMA: »Das Leben ist niemals gegen dich, es ist immer auf deiner Seite!« Und lernen wir zu sagen:

»Wie es auch kommen mag, ich kämpfe jeden Tag den positiven Kampf, dem Leben zu vertrauen.«

Deshalb, liebe Freunde – die ich Sie nicht kenne, wiewohl ich davon ausgehe, daß Sie alle schon die Erfahrung gemacht haben, welche peinigenden Geburtswehen mit einem Neuanfang verbunden sein können, oder die Sie womöglich gerade in diesen Tagen mitten in einer Krise stecken –, das möchte ich Ihnen ans Herz legen: Wenn wir nicht ein Leben lang unglücklich bleiben wollen, bietet sich nur eine Alternative – zu kämpfen, um sich selbst und dem Leben wieder vertrauen zu können. So meistern wir die Krise und finden aus eigener Kraft in das Leben zurück.

Und der, dem es gelungen ist, den Glauben an eine höhere Macht zu erhalten, erfährt von dieser Seite Hilfe. Denn leichter, als allein auf sich bauend Lebenskrisen zu bewältigen, ist es, jene höhere Macht mit einzubeziehen, die, so wir auf sie vertrauen, uns das sprichwörtlich gewordene »Licht« aufzeigen wird, das von irgendwo kommt, wenn man denkt, es ginge nicht mehr.

Wenn wir uns den Fragen stellen: »Woher kommt der Mensch? Wohin geht er? Glaube ich an Gott?«, dann blutet die Seele nicht aus, sollten tragische Ereignisse das Herz beschweren. Das Verletztsein wird eher verkraftet, und auch die Angst vor Veränderung ist weniger groß. Wir werden aufnahmebereiter für andere Sichtweisen und reagieren hellsichtiger auf Impulse – wie das Licht, das kommt und eine neue Chance und neuen Mut mit sich bringt. Wir sind nicht vernichtet, sondern finden aus dem Gefühl, alles stürze über uns zusammen, rechtzeitig heraus und gehen rascher zur Neuorientierung und Neugestaltung unseres Lebens über. Dies gelingt, indem wir das Nachdenken über unsere menschliche Existenz vorzeitig und positiv vollzogen haben oder indem wir jetzt, in einer Situation des Trauerns und der Kümmernis, damit beginnen, uns damit auseinanderzusetzen, an welches Lebensgeheimnis, an welchen höheren Plan wir »glauben«. Denn spätestens dort, wo das »Wissen« aufhört, mag der »Glaube« beginnen. Wenn wir jetzt etwas haben, an das wir glauben, fühlen wir uns trotz allem nicht allein und fassen wieder Mut.

Haben wir nun nichts, an das wir glauben, fühlen wir uns einsam und verloren.

Mit dem »Glauben« ist hier nicht an eine offiziell festgelegte religiöse Haltung, eine bestimmte Glaubensrichtung gedacht. Gemeint ist zunächst vielmehr, zu sich selbst zu finden. Das bedeutet, bei kleineren oder größeren Lebenskrisen auf die eigene, uns innewohnende Stärke zu bauen und sich selbst zu vertrauen. Denn leidvolle Erfahrungen gehören zum Leben, niemand ist davor gefeit. Jede Krise, die wir durchleben, ist – wie schon angedeutet – auch ein Richtungsanzeiger zu unserem eigentlichen Selbst, unserer wahren Persönlichkeit. Und *Selbstvertrauen* meint nichts anderes, als sich auf sich selbst verlassen zu können und alles, was im eigenen Leben geschieht, vertrauend zu bedenken. Es ist also geboten, das Selbstvertrauen zu stärken, um wieder ein lebensbejahender, lebensfroher Mensch zu sein.

Dieser Glauben an sich selbst, dieses Selbstvertrauen läßt sich gerade bei schmerzhaften Erfahrungen um so leichter wieder festigen, wenn wir jene höhere Macht mit einbeziehen, die wir als Urheber allen Lebens und des gesamten Kosmos betrachten. Diese Macht nennen wir »Gott«, und jeder hat eine andere Vorstellung davon. Ich sehe Gott als ein Geisteswesen, als gütiges Licht, das alles durchdringt, auch uns Menschen. Wir können diese Macht negieren, ihr keine Existenz zubilligen. Oder wir können diese Macht bejahen, also an ihre Existenz glauben und auf sie vertrauen. In diesem Fall verbinden wir uns mit den vorhandenen positiven Kräften, sind in der Lage, mit ihnen in einen inneren Dialog zu treten und sie in allem zu erkennen, was wir täglich erleben – sogar in unangenehmen Erlebnissen. Wenn Sie neben dem »Selbstvertrauen« auch Ihr *Gottvertrauen* zu stärken vermögen, indem Sie sich sagen: »Da besteht eine gütige Macht, die mein Leben kennt, die mich liebend geleitet und auf die ich deshalb vertraue – auch wenn mir der Sinn mancher Geschehnisse verborgen bleibt und ich auf viele Fragen keine Antwort erhalte«, schenkt das große Kraft, und Sie finden allezeit einen Weg, dem Leben wohlgesinnt zu sein. Denn es stützt Sie die Gewißheit: »Bin ich an einem Nullpunkt angelangt und weiß selbst nicht mehr weiter, so bleibt immer noch eines – ich kann mich auf Gott verlassen.«

In bezug auf das oder den Glauben läßt sich in der westlichen Welt allerdings eine große Müdigkeit und ein Mißtrauen gegenüber allem, was mit den Begriffen »Gott« und »Religion« umschrieben wird, feststellen. Das Verhältnis zum Glauben war noch nie so stark gestört. Viele Menschen mögen sich aufgrund von Enttäuschungen und angesichts des Elends in der Welt mit dem Gedanken an einen Gott nicht anfreunden. Vielleicht liegt es mit daran, daß sie Gott als ein weit entferntes Himmelswesen und nicht als positive Kraft begreifen, die allumfassend ist und in uns wohnt, wenn wir an sie glauben. Vielleicht meinen sie, dieses »Wesen« müsse uns Menschen auch die Lebens- und Gefühlsarbeit abnehmen. Sie meinen, Gott sei nicht vertrauenswürdig, weil er den vermeintlichen Auftrag, überall einzugreifen, wo Menschen in Not sind und Fehler begehen, nicht ausführt. Dies nehmen sie zum Anlaß, an seiner Existenz zu zweifeln. Sie denken: »Gäbe es einen Gott, dann ginge es mir nicht so entsetzlich schlecht und ich säße nicht vor einem Trümmerhaufen.«

Aber in gewisser Weise lebt jeder Mensch vom Vertrauen. Es gewährleistet unser seelisches Gleichgewicht und unseren Überlebenswillen. Denn sind wir an einem Punkt angelangt, an dem wir das Vertrauen in uns selbst, in einen Menschen, den tröstlichen Gedanken an einen Gott verloren haben, leben wir nur noch in Mißtrauen und Angst. Deshalb brauchen wir das »Selbstvertrauen«, das »Vertrauen in einen Menschen« und das »Gottvertrauen«. Alles zusammen erzeugt einen starken Optimismus. Damit läßt sich alles bewältigen. Daher gilt es zuerst, sich um das Vertrauen zu bemühen. Wir können es zurückgewinnen, wenn wir es verloren haben, können es uns neu erkämpfen. Denn Vertrauen ist notwendig, um seelische Tiefs zu überwinden und weiterzuleben – zu vertrauen bedeutet einen Neuanfang.

Das, was die gewaltige Kraft besitzt, Vertrauen zu schaffen und uns Trost zu spenden, wenn wir verzweifelt sind, ist die bekannte *Optimismus-Trilogie* aus »Glaube«, »Hoffnung« und »Liebe«. Nun, zahllose Skeptiker sehen auch darin keine Rettung. Doch wie die Erfahrung zeigt, bleibt die Zeit nicht bei einem negativen Ereignis stehen. Deshalb sei allen gesagt, deren Vertrauen erschüttert ist, weil sie zur Zeit Schlimmes erfahren, aber auch jenen, die sich »von Gott verlassen« fühlen: Es kommen auch wieder bessere Tage, darauf können wir hoffen. Gott verläßt uns nicht, daran können wir glauben. Und versuchen Sie, sich in Liebe zum Leben daran zu erinnern: »Ich weiß, daß es Menschen gibt, auf die ich vertrauen kann, denen werde ich begegnen« – auch wenn Sie es sich im Moment vielleicht nicht vorzustellen vermögen.

Der Glaube, die Hoffnung und die Liebe sind wohl mehr eine Angelegenheit des Herzens als des Verstandes. Aber das Wissen allein hilft uns dort, wo wir nun stehen, ebenfalls nicht weiter. Das Wissen betrifft Tatsachen, Sachverhalte, Erfahrungen, Zusammenhänge. Jetzt aber brauchen wir die Fähigkeit zu glauben. Das Instrumentarium des Glaubens baut sich aus Gefühlen der Verbundenheit auf. Zu glauben und zu vertrauen heißt, das Wagnis einzugehen, sich vom Gefühl der Verbundenheit leiten zu lassen. So bleibt uns in schweren Stunden dennoch die Möglichkeit, uns heranzutasten und das gestörte Verhältnis zu uns selbst, zu den Menschen und zu jener höheren Macht, die wir allgemein »Gott« nennen, in ein Gleichgewicht zu bringen, um uns mit dem Leben als Ganzem wieder zu verbinden.

Bei uns selbst müssen wir anfangen. In uns selbst liegt die Chance, das Alte loszulassen und sich an das Neue heranzuwagen. Denn in aller Regel reicht es nicht aus, daß jemand, der es gut meint, sagt: »Nimm es nicht so schwer, es wird schon wieder!« Gerade solchen leichtblütigen Worten gegenüber verschließen wir uns in einer Lebenskrise. Vielleicht hat das seinen Grund darin, daß wir sehen, wie glücklich die anderen sind, und sich unser Gefühl, nicht mehr dazuzugehören, außen zu stehen, hingefallen und von allem verlassen worden zu sein, dadurch noch verschlimmert. Mit gutem Zureden allein ist also noch nichts bewältigt. Wir müssen uns selbständig daranbegeben, die Trümmer wegzuräumen und neue Zuversicht aufzubauen. Die Menschen um uns können uns ein Stück begleiten und unterstützen, bis wir uns in den veränderten Lebensumständen zurechtgefunden haben. Doch kann das Selbstvertrauen nur sui generis, »durch sich selbst«, zurückgewonnen werden.

Wie das geschieht? Seien Sie unbesorgt: Es wird eine neue Zeit anbrechen; eine Zeit, in der Sie entdecken, wieviel Kraft in Ihnen steckt, und in der Sie die Krise als Aufforderung verstehen, über vieles neu nachzudenken. Jetzt mögen Sie noch keinerlei Ausweg sehen. Aber mit einem Rest an Optimismus werden Sie bald für sich herausfinden: Der Sinn des Lebens ist es, zu leben. Und Sie werden am Leben Seiten entdecken, die Sie ermutigen und Ihnen das Vertrauen in die Zukunft zurückgeben – das jedenfalls ist meine optimistische Vision für Sie.

Hinzu kommt noch ein tröstlicher Gedanke: Das, was Ihnen zur Zeit vielleicht als ein Unglück erscheint, werden Sie vielleicht irgendwann als ein Glück ansehen. Wenn Sie gegenwärtig auch denken mögen: »Na besten Dank, das kann ich mir nun überhaupt nicht vorstellen!« Doch oft erweist sich im nachhinein manch bittere Zeit als ein nötiger Umbruch. Häufig gelangen wir erst durch die persönliche Krise zu hilfreichen Einsichten. Es kann sein, daß wir erkennen, uns beruflich mit den falschen Partnern verbunden zu haben, unsere Gesundheit aufs Spiel gesetzt zu haben, in Ehe und Partnerschaft seit langem den »Kopf in den Sand gesteckt« oder aus lauter Liebe zu einem anderen Menschen uns selbst völlig vergessen zu haben. Und der Gedanke, daß wir in dieser Hinsicht häufig vieles nachzuholen haben, ist nicht belehrend gemeint. Denn eines zeigt sich durch solche Situationen immer wieder: Ganz selten gelangen wir in Harmonie zu jenem Leben, das unser wahres Selbst zur Entfaltung bringt, oft muß das Schicksal erst noch nachhelfen. Vielleicht würden wir uns ohne diesen manchmal recht unangenehmen »Tritt« nicht entsprechend weiterentwickeln. Also liegt in fast jeder Krise auch eine Chance, schlummernde Teile der eigenen Persönlichkeit zu erwecken, neue Stärken zu entfalten, sich zu finden und zu reifen.

Mit Recht läßt sich nun einwenden: »Das sind aber manchmal sehr harte Opfer, die wir bringen müssen.« Doch diese Opfer sind nicht vergeblich, solange wir hinterher sagen können: »Wenn es mir auch weh getan hat, es war nicht alles vergebens, sondern alles in allem gesehen war es gut, daß es so gekommen ist. Ansonsten wäre wohl kein glücklicher Mensch aus mir geworden.« Das ist das andere Moment: Wenn Sie auf der Suche nach dem Sinn irgendwann zu dem Schluß kommen, daß Sie durch die Ereignisse, wenn auch mit Zwang, in ein Leben hineingestoßen wurden, das Ihnen am Ende viel besser erscheint als Ihr vorheriges – ein Leben, in dem Sie gerne ein neuer Mensch sind –, fällt es Ihnen gewiß leichter, auf sich selbst und auf »Gott« zu vertrauen.

Bei einem so tiefsinnigen Thema wie dem der Lebenskrise, ihrem Anlaß und ihren Folgen sollen nun Menschen zu Wort kommen, die mir ihre persönlichen Lebenserfahrungen und Einsichten in einem ausführlichen Brief mitgeteilt haben.

Vier Ermunterungen:
Nie Mut und Hoffnung verlieren!

Es erwarten Sie nun vier Erfahrungsberichte von Frauen und Männern, die es mit viel Kraft und Optimismus geschafft haben, ihre Krise zu überwinden und ihr Leben neu zu gestalten. Die darin enthaltene Botschaft, sich seinen Lebensmut zu bewahren, was immer geschieht, soll Ihnen, falls Sie einmal eine schwere Zeit durchleben und nicht mehr wissen, wie es weitergehen soll, wieder Kraft und Hoffnung geben. (Möglicherweise erkennen Sie auch Parallelen zu gegenwärtigen Gefühlen.) Ich habe die Erfahrungsberichte unter diesem Aspekt ausgewählt, neu aufgeschrieben und zusammengefaßt. Lassen Sie sich ermutigen, standzuhalten und in eine positive Zukunft zu gehen – alles wird gut werden.

ERSTER BRIEF:
»Durch einen Unfall wurde ich
ein neuer Mensch«

> Lange hab' ich mich gesträubt,
> endlich gab ich nach,
> wenn der alte Mensch zerstäubt,
> wird der neue wach.
> Und solang du das nicht hast,
> dieses: Stirb und werde!
> bist du nur ein trüber Gast
> auf der dunklen Erde!
> JOHANN WOLFGANG VON GOETHE

... Das andere Leben begann in einem Rettungswagen. Ich weiß es
noch wie heute. Angsteinflößend klang die Blaulichtsirene mir in den
Ohren. Ich lag auf der Bahre und war noch nie so einsam wie in diesen Minuten. Und ich weinte, weinte den ganzen Weg lang und konnte
bei der Ankunft im Krankenhaus nicht aufhören. Doch was war geschehen? Ich hatte es ja noch immer nicht begriffen. Ich wußte nur:
Da war diese schwingende Glastür. Ich hatte es eilig, war gerannt,
gestolpert, und dann – ein Knall, so laut wie von einer Detonation,
und ein Klirren, so schrill und scharf – beim Gedanken daran bekomme ich Gänsehaut. Was folgte, weiß ich nicht genau. Ich hatte
mich wohl vom Treppenhaus hinunter auf die Straße geschleppt. Überall waren Glasscherben und Blut. Aber ich fühlte keinen Schmerz.
Nur in meinem Kopf hämmerte es laut: Boing, boing, boing. Und ich
zitterte um mein Leben, weil ich dachte: »Nun ist es aus!« Der Rest
sind Erinnerungsfetzen: Passanten, die mit entsetzten Mienen auf
mich niederblickten – Touristen, die mich fotografierten – ich, wie ich
rief: »Helfen Sie mir, bitte helfen Sie mir!« – ein Streifenwagen, der mit
quietschenden Reifen vorfuhr – und dann die Hände zweier Polizi-
sten, ohne die ich verblutet wäre. Ich schätze, ich war niemals vorher so glücklich, die Polizei zu sehen. Das war wie eine Erlösung.
    Der Unfall liegt mittlerweile sieben Jahre zurück. Und inzwischen
kann ich sagen: »Es war wichtig, daß mir das passiert ist.« Es erscheint mir so, als habe mich ein gnädiger Gott damals höchstper-

sönlich durch die Glastür geschubst. Denn mit dem Glas zerbrach zugleich ein Leben, in dem ich mich seit langer Zeit nicht mehr wohl fühlte. Es klingt vielleicht übertrieben, und viele können das nicht nachvollziehen, doch heute bin ich sogar dankbar dafür, daß ich den Unfall hatte. Er war geradezu ein Segen. Denn dadurch bekam ich Gelegenheit, über mich nachzudenken, und konnte ein neues Leben beginnen. Wenn ich heute in den Spiegel blicke, sehe ich einen ganz anderen Menschen vor mir. Ich sehe in ein heiteres Gesicht (meist jedenfalls), denn ich bin lebensfähiger geworden. Ich kann das Leben viel mehr genießen als früher – vielleicht auch deshalb, weil mir zum ersten Mal klar wurde, wie präsent der Tod ist und wie schnell alles vorbei sein kann.

Der frühere Mensch hatte davon keine Ahnung. Er sah verbissen aus und hart. Immer wollte er alles erzwingen, beruflich und privat. Nichts ging ihm schnell genug, nichts war ihm gut genug. An allem nörgelte er herum. Mit anderen Worten: Ich war ein richtiger Pessimist. Dabei hätte ich eigentlich zufrieden sein können: Ich hatte das Studium mit der Bestnote abgeschlossen, hatte schon in jungen Jahren beruflich beachtlichen Erfolg und lebte mit meiner großen Liebe zusammen in einer komfortablen Penthousewohnung im Herzen der Stadt. Alles hätte so weitergehen können. Wir hätten ein großes Haus gebaut, Kinder bekommen und ein Leben geführt wie viele andere – nur mit dem Unterschied, daß sich meine Unzufriedenheit gesteigert hätte, ebenso das Gefühl, daß ich mich über nichts mehr richtig freuen konnte. Alles war so selbstverständlich geworden: der Erfolg im Beruf, die Reisen, die Dinner-Partys, die teuren »Klamotten« ... Doch das Entscheidende hätte immer gefehlt.

Heute ist das Leben schön wie nie. Ich glaube, ich lebe in mancherlei Hinsicht bescheidener und weniger materiell orientiert als früher, dafür aber erheblich intensiver. Während ich damals den Tag danach beurteilte, wieviel Umsatz er mir gebracht hat, ist es heute für mich ausschlaggebend, ob ich ihn auch dazu genutzt habe, zu lachen und mir etwas zu gönnen. Und wenn es nur das ist, jeden Tag eine Stunde spazierenzugehen, um Jahreszeiten wie Frühling oder Herbst bewußt zu erleben. Früher habe ich gar nicht darauf geachtet. Es war mir einerlei. Aber inzwischen sind mir solche »Kleinigkeiten« wichtig. Jedenfalls habe ich zu vielem eine andere Einstellung gewonnen und für mich einen Weg gefunden, gerne zu leben.

Ich bin der Ansicht, daß hinter meinem Unfall der uneingestandene Wunsch stand, mich zu ändern. Und so kam es zu der positiven Wandlung. Das war natürlich ein langwieriger Prozeß. Und er ging nicht ohne Schmerzen vonstatten. Innerlich zu kämpfen hatte ich vor allem, als mir die Ärzte erklärten, ich müsse mich nach einem anderen Beruf umsehen. Denn allein die Verletzungen meines rechten Armes waren so schwer, daß die Feinmotorik der Hand für immer gestört sein würde. Ich war wütend: Das Schicksal hatte mir einen »Dämpfer« verpaßt. Ich fühlte mich zum Krüppel verdammt und geriet in eine tiefe Krise. Sie dauerte ungefähr ein Jahr lang. Ein Jahr lang verbrachte ich täglich drei bis vier Stunden mit Krankengymnastik, mühte mich Millimeter um Millimeter und hatte nur den einen Wunsch: meine Finger wieder richtig bewegen zu können. Ein Jahr lang schlief ich nachts mit Stahlschienen an den Armen. Ein Jahr lang heulte ich Seen von Tränen und suhlte mich im Selbstmitleid. Dann war es vorbei. Ohne meine Frau, die täglich versuchte, das geringe Selbstwertgefühl, das mir noch verblieben war, zusammenzukratzen (besonders, als ich nach der Entlassung aus dem Krankenhaus zu Hause nur herumsaß und grübelte), hätte ich mich gehenlassen. Ähnliches habe ich der Krankengymnastin zu verdanken. Ich weiß nicht, was ohne sie, die mir immer wieder Mut zusprach und sich ständig neue Bewegungsübungen für mich ausdachte, geworden wäre. Aber: Was mir wohl am meisten geholfen hat, war, zu sehen, mit wieviel gutem Willen manch anderer Patient, dessen Hände von einer Maschine verstümmelt worden waren oder der bei einem Motorradunfall sein Bein verloren hatte, täglich an sich arbeitete, um mit seiner Prothese umgehen zu lernen. Das hat mir den Kopf zurechtgerückt, und ich schämte mich, weil meine Verletzungen im Vergleich dazu harmlos waren. Ich dachte: »Wenn ein Zwanzigjähriger mit nur einem Bein noch lachen kann und nach vorne schaut, dann darfst du dich nicht versündigen und länger Trübsal blasen.« So lernte ich mit der Zeit, positiv zu denken und das Lied zu singen: »Don't worry, be happy.«

Dann kam der Tag, an dem ich meine Hände wieder einsetzen konnte. Ich war so euphorisch, daß ich in die Sprechstunde des Arztes hineinplatzte, der mich operiert hatte, und ihm vorführte, wie ich jeden Finger einzeln über kleine Steine hinweg heben konnte, die ich zum Üben benutzt hatte. Das nach einem Jahr des täglichen Mühens geschafft zu haben, war ein unglaubliches Gefühl. Während ich früher »Glück« als Zustand definierte, der damit zusammenhing, abgesichert zu sein und sich alles leisten zu können, wußte ich jetzt, was »Glück« für mich bedeutete – so viel mehr, und doch so Einfaches. Sich bewegen zu können war ein solches Glücksgefühl, daß ich alles andere um mich herum vergaß. Ich tanzte und jubelte. Dieser Tag war schließlich der Durchbruch vom alten Leben ins neue.

Inzwischen habe ich es soweit gebracht, daß Menschen, die nichts davon wissen, mir die Behinderung nicht anmerken. Ich habe natürlich weiterhin Schwierigkeiten, bestimmte Handbewegungen auszuführen, und darf nichts Schweres tragen. Aber ich komme in der Regel im Alltag ganz gut zurecht. Beruflich mußte ich mich verändern. Zwar verdiene ich längst nicht mehr so gut wie früher, dafür arbeite ich von zu Hause aus und bin zu einem gefragten Spezialisten geworden. Alles in allem habe ich mich noch nie so lebendig gefühlt. Und ich gedenke, mich daran zu halten. Wenn mich im Alltag doch wieder einmal üble Laune befällt oder ich unzufrieden werde, schaue ich auf die gewaltigen Narben an den Armen, und schon relativiert sich alles, und es geht mir wieder besser. So sind sie für mich zu einer Art Mahnmal geworden. Sie werden mich stets daran erinnern, nie wieder in alte Zeiten zurückzufallen. Neulich fragte mich ein Freund: »Weißt du, was ein Optimist ist?« – Und er lieferte sogleich die Antwort: »Ein Optimist ist ein Pessimist mit mehr Erfahrung!«

(Nach einem Brief von Gerold K.,
42 Jahre, Programmierer in Düsseldorf)

ZWEITER BRIEF:
»Als die Firma zusammenbrach,
lernte ich, an mich selbst zu glauben«

> Es lebt in jeder gesunden Seele
> ein unsterblicher Mut
> und eine prophetische Ahnung,
> die unter keinen Umständen
> kapitulieren darf.
>
> WALT WHITMAN

... Also doch. Als ich den Hörer auflegte, war ich wie vom Donner gerührt: Erschrecken, Erstaunen, Verwirrung, Schock, alles zusammen. Ich spürte, wie meine Wangen glühten und mein Herz pochte. Ich stand auf und rannte kopflos im Büro auf und ab. Was sollte ich jetzt tun? Wen mußte ich zuerst benachrichtigen? Wie konnte ich retten, was noch zu retten war? Ich wußte mir keinen Rat. Den ganzen langen Winter über hatte ich ihn eingearbeitet. Ich hatte ihn mit allen Finessen des Geschäfts vertraut gemacht und so viel Kraft investiert, daß ich jeden Abend erschöpft und bleich nach Hause kam. Für mich war immer ganz klar: Zusammen sind wir stark und können etwas Großes schaffen. Und trotzdem hatte ich die ganze Zeit über das Gefühl: »Du begehst einen Fehler.« Jetzt war es soweit. Heiko, mein frischgebackener Geschäftspartner, hatte mir soeben alles vor die Füße geworfen. Und nun stand ich mit der Firma alleine da. Das war ein Schlag! Doch eigenartigerweise bemerkte ich: Auf einmal hatte ich keine Bauchschmerzen mehr und fühlte mich, obgleich ich wußte, welcher Alptraum jetzt auf mich zukam, sonderbar erleichtert.

Noch vor Monaten war ich von einem Arzt zum anderen gelaufen. Ich suchte nach einer Erklärung dafür, weshalb ich immer wieder Stiche im Bauchraum hatte. Außerdem schlief ich nachts kaum noch, und die Verdauung arbeitete auch nicht mehr richtig. Aus Sorge ließ ich mich von sämtlichen Spezialisten untersuchen. Doch keiner fand etwas – jedenfalls nichts Konkretes –, aber das beruhigte mich nicht, im Gegenteil. Dort, wo Ultraschall und Kontrastflüssigkeit aufhörten, fing ich an zu spekulieren. Weil der Schmerz im Laufe der Zeit zunahm, redete ich mir ein, unter bösartigen Geschwülsten zu leiden. Zwar versuchte ich diesen Gedanken immer wieder zu verdrängen. Ich stemmte mich dagegen und wollte hart sein. Denn schließlich hatte ich gerade eine Firma gegründet, Kredite aufgenommen und mußte mich darum kümmern, daß die Firma Aufträge erhielt. Doch irgendwann schleppte ich mich nur noch mit Arsenalen von Beruhigungstees und Schmerztabletten ins Büro. Selbst Arbeiten, die mir früher Vergnügen bereiteten, empfand ich als Belastungen.

Ich war unglücklich und weiß noch, wie ich zu meiner Lebensgefährtin sagte: »Warum ausgerechnet jetzt? Jetzt, wo ich kurz davor bin, die Wand zum beruflichen Erfolg zu durchbrechen, werde ich krank.« Inzwischen rechnete ich mit dem Schlimmsten. Und um ein Haar hätte ich mich einem operativen Eingriff unterzogen, der mir und den Ärzten endlich Gewißheit verschaffen sollte. Aber der Termin verzögerte sich – zum Glück! Denn das »Schlimmste« waren keine Krebsgeschwülste. Die körperlichen Symptome waren, wie sich später herausstellte, eine Art Vorahnung. Etwas in mir wußte mehr, als ich mir vom Verstand her zugestehen wollte. Es betraf die Zusammenarbeit mit meinem neuen Geschäftspartner Heiko, in die ich hineingestolpert war und die mich mehr und mehr aufzehrte, weil ich intuitiv längst erkannt hatte, daß er der falsche Mann für meine Firma war. Nur wollte ich es nicht wahrhaben. Also kämpfte ich innerlich dagegen an. Für einen Rückzieher war es zu spät – so dachte ich. Doch mein Körper gab mir kein »grünes Licht«.

Dabei hatte ich selbst Schuld. Von allen Seiten her hatte man mir abgeraten, Heiko mit in das Geschäft zu nehmen. Doch kannten wir einander schon einige Jahre und verstanden einander gut. Als ich ihn kennenlernte, arbeitete er in einer Firma für Fernsehproduktionen. Er war die rechte Hand seiner Chefin. Ich war selbständig und erhielt von seiner Firma Aufträge. So ergab sich immer wieder ein beruflicher Kontakt. Wir schienen dieselbe Wellenlänge zu haben, und im Laufe der Zeit freundeten wir uns an. Fünf Jahre vergingen so. Da begann Heiko eines Tages davon zu sprechen, daß ihn seine

Chefin immer mehr schikaniere und er sich am liebsten beruflich verändern würde. Ich hatte damals sofort die Idee, ihm eine Mitarbeit
anzubieten, doch war ich vorsichtig. Ich dachte: »Freundschaft und
Geschäft vertragen sich nicht gut.« Also hielt ich diese Idee noch
zurück – bis zu jenem Abend, als er zu mir nach Hause kam und
sagte, daß er »die Brocken geschmissen« habe. Es war zwischen
ihm und seiner Chefin wiederholt zu Auseinandersetzungen gekommen, und er hatte gekündigt. Was sollte nun geschehen? Er tat mir
leid, wie er da saß. Ein Mann von fünfzig Jahren, verheiratet, mit zwei
erwachsenen Kindern und dem Ausdruck von Angst im zerfurchten
Gesicht. Das war der Augenblick, in dem ich ihn fragte, und er wil-
ligte sofort ein.

Ich war dreiunddreißig und wollte nicht immer nur Einzelkämpfer
sein. Oft hatte ich davon geträumt, meinen Einmannbetrieb zu einem größeren Unternehmen zu erweitern. Aber allein traute ich mir
das nicht zu. Ich wartete auf eine Chance, auf den richtigen Geschäftspartner. In Heiko glaubte ich ihn endlich gefunden zu haben.
Ich hatte ihn lange genug beobachtet, und er schien mir ideal.
Brachte er doch außer Erfahrung auch genug verrückte Ideen mit,
um so etwas Unkonventionelles wie eine Medienberaterfirma mit aufzubauen. Das jedenfalls sprach für ihn.

Doch den eigentlichen Ausschlag, warum ich auf ihn setzte – das
weiß ich heute –, gab etwas anderes: Es hing damit zusammen, daß
ich immer ein gestörtes Verhältnis zu meinem Vater hatte. Denn der
schärfste und tiefste Konflikt, den ich seit der Kindheit mit mir her-
umtrug, resultierte aus dem Bedürfnis nach einem Vater, der für mich
da ist, wenn ich ihn brauche, der mir mit Rat und Tat zur Seite steht
und mich wieder auffängt, falls ich im Leben einmal strauchle. Solch
einen Vater habe ich nie gehabt. Dem leiblichen Vater war ich gleichgültig. Und das Wissen darum war meine Wunde und verwundbare
Stelle. Es hatte mich zu einem innerlich zerrissenen Menschen werden lassen, der einerseits mutig voranschritt, andererseits ständig
mit der Angst lebte, einen Fehler zu begehen. Denn dann wartete
kein Zuhause, an das ich mich hätte wenden können, niemand, der
mir half – dieses Denken steckte fest in mir. Vielleicht, so glaube ich

heute, wäre ich längst Inhaber einer großen Filmproduktionsfirma oder ähnlichem – beruflich jedenfalls viel weiter, denn ich hatte Unternehmergeist und Ideen –, hätte ich nicht immer in diesem Bewußtsein gelebt, daß ich nirgendwo Schutz suchen konnte und alles ohne seelische Unterstützung einer Familie schaffen mußte. So aber war ich ein unsicherer und ängstlicher Mensch mit einem Hang zu übertriebenem Mißtrauen anderen Menschen gegenüber. Heiko brachte ich Vertrauen entgegen. Ich frage mich noch heute, warum. Die Antwort ist: Außer als Geschäftspartner und Freund betrachtete ich ihn auch als Vater, weil er gut fünfzehn Jahre älter war. Und als wir gemeinsam auftraten – die Banken von uns überzeugten, die Kunden besuchten, die Büroräume beschafften, die Mitarbeiter auswählten –, empfand ich zum ersten Mal in meinem Leben ein Gefühl der Sicherheit. Ich dachte, jetzt könne nichts mehr mißglücken.

An dem Tag, an dem die Firma zusammenbrach, weil er die Zusammenarbeit kündigte, traf es mich unvorbereitet. Mit einem Mal hatte ich einen Berg Schulden am Hals. Doch waren es nicht die Schulden oder die plötzliche Alleinverantwortung für die Firma, die ich als existentielle Bedrohung empfand. Es war vor allem die Ablehnung eines Menschen, den ich mir selbst als Vater »zurechtgebastelt« hatte. Ich habe danach versucht, mit Heiko zu sprechen, doch er war nicht bereit, sich mit mir zu treffen, übergab alles seinem Anwalt und stahl sich wie ein Verbrecher davon. Seine Reaktion hat mich innerlich umgeworfen und gleichzeitig ein für alle Male aufgeweckt.

Heute geht es mir sehr gut – privat, geschäftlich, seelisch und körperlich. Ich brauchte länger als ein Jahr, um die menschliche Enttäuschung zu verarbeiten und mich wieder hochzurappeln. Monatelang hat es mich im Traum verfolgt. Und ich benötigte nochmals drei Jahre, um die Durststrecke zu überwinden und die Firma zu sanieren. Das hat mich viel Arbeit und Angstschweiß gekostet. Doch ließ mir diese Aufgabe keine Zeit zu überlegen, ob ich leichtsinnig handelte oder nicht. Ich war zu beschäftigt. Ich habe nur noch nach vorn gesehen und kein Wenn oder Aber mehr bedacht. Heute meine ich, daß ich diese Zeit nötig brauchte. Sie hat mich in meinem menschlichen Reifungsprozeß ein gehöriges Stück weitergebracht. Und sie hat mir gezeigt, daß ich es auch alleine schaffen kann. Endlich habe ich genug Vertrauen zu mir selbst gefunden.

Seit dem Fiasko weiß ich: Fehler zu begehen lohnt sich. Zu dieser Einsicht gelangte ich, als ich seelisch an einem Tiefpunkt war. Immer wieder hatte ich mich gefragt, warum ausgerechnet mir das zustoßen mußte, einem Menschen, der doch so vorsichtig war. Doch fand ich keine Antwort. Ich habe bemerkt, daß ich kurz davor stand, zu verbittern und niemanden mehr an mich heranzulassen. Auch die vielen guten Ratschläge von Freunden oder Bekannten halfen mir nicht weiter. Dann entdeckte ich etwas. Es bedeutete für mich die Lösung und ist bis heute meine »Marschrichtung« geblieben.

Als ich so deprimiert über den Ausgang der Zusammenarbeit mit meinem »Exkompagnon« war, überredete meine Lebensgefährtin mich eines Abends zu einem Kinobesuch, damit ich, wie sie sagte, auf andere Gedanken käme. Aber dieser Film, eine harmlose Komödie, beinhaltete eine Szene, vielmehr einen Dialog, der mir zu denken gab. Ein Mann und eine Frau standen im verschneiten New York auf der Straße. Der Mann war betrübt, denn er dachte (so wie ich), nur Fehler begangen zu haben. Die Frau versuchte ihm Mut zuzusprechen. Für eine Weile standen sie da und redeten, und der Schnee fiel. Dann hörte ich die Worte: »Menschen begehen Fehler. Nur Schneeflocken sind perfekt!« Diese Worte trafen mich im rechten Moment, an der richtigen Stelle und haben alle meine Gedanken durcheinandergewirbelt. Genau das war es, was ich mein Leben lang zu begreifen versäumt hatte. Es war eine späte Einsicht, doch langsam wurde es mir klar. Wir sind nicht auf dieser Welt, um immer fehlerfrei zu handeln. Nur Schneeflocken sind perfekte Gebilde. Menschen aber sind keine Eiskristalle. Menschen sind lebendige Wesen, also sind Fehler nicht ausgeschlossen. Daher darf ich auch einmal »danebengreifen« oder mich in einem Menschen täuschen. Dadurch »bricht die Welt nicht zusammen«. Und deshalb habe ich nicht versagt. Selbst wenn ich enttäuscht wurde, muß ich meine Anstrengungen fortsetzen und optimistisch nach vorn sehen – denn ich bin ein Mensch.

Seit jener Einsicht hat sich mein Leben, insbesondere meine Denkweise, völlig verändert. Ich schrieb diesen Brief, weil ich meine, ein überzeugter Optimist geworden zu sein. Freilich kann man seine Vergangenheit nie ganz in eine Schublade legen und hat manchmal Rückfälle. Doch habe ich für mich ein Bild gefunden, das mir immer wieder hilft, meine positive Einstellung zum Leben zu erhalten und meinen privaten wie beruflichen Alltag positiv zu erleben. Seitdem ich mir vor Augen halte: »Du kannst dich nicht immer bei allem absichern«, bin ich angstfreier und zuversichtlicher. Damit das so bleibt, habe ich mir in jenen Tagen drei Sätze aufgeschrieben, die zu meiner Lebensphilosophie wurden:

1. Ich darf Fehler begehen. Denn ich bin ein Mensch und kann nicht so perfekt sein wie eine Schneeflocke.
2. Ich bin nicht allein. Auch ohne Mutter oder Vater kann ich vertrauensvoll in die Zukunft blicken. Denn um mich sind andere Menschen, die mich lieben und zu mir stehen.
3. Ich habe keine Angst vor Enttäuschungen. Denn sollte ich enttäuscht werden, so lasse ich mich nicht beirren und fange wieder von vorne an.

Mit dieser Devise gelangte ich an das Ziel, das ich immer erreichen wollte. Heute leite ich ein Medienunternehmen mit zwölf Mitarbeitern und habe einen neuen, guten Geschäftspartner gefunden – keine Vaterfigur. Einen Vater brauche ich nicht mehr, denn ich bin inzwischen selbst Vater einer kleinen Tochter geworden. Das erfüllt mich mit Stolz, ebenso, daß ich jüngst einen Preis erhielt, der dem erfolgreichsten Nachwuchsunternehmen des Jahres auf dem Mediensektor galt.

(Nach einem Brief von Konstantin M.,
39 Jahre, Unternehmer in Wien)

DRITTER BRIEF:
**»Mein Liebestraum zerplatzte,
und ich entwickelte ungeahnte Kräfte«**

> Ein tiefer Fall führt oft zu höherem
> Glück.
>
> WILLIAM SHAKESPEARE

... »Es ist aus.« Drei kleine Worte, die wehtaten, sehr weh... Er sagte
sie mir ruhig und beherrscht ins Gesicht. Es fiel kein lautes Wort,
keine Träne, keine Geste, aus der ich hätte Hoffnung schöpfen können, nur diese versteinerte Miene und seine abweisende Entschlos-
senheit. Ich schwieg. »Nein«, dachte ich, »es darf nicht aus sein mit
Sven.« Für ihn hatte ich doch alles aufgegeben – die Ehe mit Thomas, die gemeinsamen Freunde, mein gesamtes früheres Leben.
Und ausgerechnet jetzt, wo ich alle Brücken hinter mir abgebrochen
hatte und ihm bis hierhin nach Kairo nachgereist war, wollte er, daß
es aus sei zwischen uns? Ich zündete mir eine Zigarette nach der
anderen an, redete und redete. Ich versuchte an unsere Liebe zu appellieren, an das vergangene Jahr, die zärtlichen Momente und seine
Versprechungen. Sollte das denn nichts mehr gelten? War es in seinem Gedächtnis etwa ausgelöscht? Doch er reagierte nicht. Die Art,
wie er mich anblickte – wie er mich seit meiner Ankunft auf dem Flug-
hafen angesehen hatte –, gab mir das Gefühl, ich sei ihm nur noch
lästig, er wolle mich am liebsten wieder los sein. Und dann sagte er
kalt: »Du ziehst mich nicht mehr an.«

Nicht mehr anziehend zu sein – das war eine Demütigung und
Kränkung –, darunter habe ich noch lange gelitten. Ausgerechnet
der Mann, in den ich mich unsterblich verliebt und dem ich vertraut
hatte, stieß mich einfach weg. Mein Selbstbewußtsein »brannte
durch« wie eine brüchige Sicherung, und ich zitterte vor Pein. Diese
Äußerung traf mich schwer. Während ich mich vorher durch ihn wieder jung gefühlt hatte, empfand ich mich plötzlich als um Jahrzehnte
gealtert, ungenießbar, wie eine verdorbene Speise, die man gerade
weggeworfen hat, damit man sich nicht den Magen daran verdirbt.

Konnte das denn wahr sein? Ich vermochte es nicht zu verstehen und mir nicht zu erklären, was geschehen war, daß er mich nicht mehr wollte. Ich liebte Sven doch, und ich dachte, er liebte mich auch. Nur deshalb hatte ich den Mut dazu aufgebracht, in meinem Leben alles auf eine Karte zu setzen. Und nur deshalb hatte ich fast ein halbes Jahr Trennung von ihm in Kauf genommen, damit er an der amerikanischen Universität von Kairo seine zwei Pflichtsemester absolvieren konnte. Diese Zeit galt es zu überstehen. Und jetzt, wo die Zeit des sehnsüchtigen Wartens vorüber war, wir endlich wieder ein Paar sein konnten und ich seit vier Tagen bei ihm lebte, lehnte er mich ab – ohne Vorwarnung, einfach so.

»Das schaffen wir. Unsere Liebe ist stark«, hatte er immer wieder beteuert, um meine Zweifel zu zerstreuen. »Du wirst sehen, fünf Monate sind schnell vorbei. Und in den Ferien fliegst du zu mir, und wir reisen gemeinsam durch Ägypten.« Ich hielt das Ganze zunächst für eine verrückte Idee und fand es dennoch verlockend. »Nein, nein«, hatte ich immer gesagt. Aber ohne es zugeben zu wollen, konnte ich mir das Leben ohne ihn schon gar nicht mehr vorstellen. Ich hatte mein Herz längst in seine Hände gegeben und ihm mein Vertrauen geschenkt. Wie sehr hatte ich die Tage gezählt! Die Zeit bis zum Wiedersehen schien mir endlos. Wie viele Briefe hatten wir einander geschrieben. Er schrieb Gedichte, witzige und gefühlvolle. Ich legte Fotos bei, Blütenblätter oder Konfetti. Und nun war ich bei ihm. Endlich! Auf diesen Moment hatte ich monatelang hingefiebert. Abend für Abend hatte ich mir vor dem Einschlafen vorgestellt, wie es sein würde: wir beide, in einem Land, das kennenzulernen mich immer schon gereizt hatte, mit einer geheimnisvollen Vergangenheit, über die ich sehr gerne mehr erfahren wollte. Und das alles zusammen mit ihm – einem jungen, gutaussehenden Mann, der mich glücklich machte. Ein Traum schien in Erfüllung zu gehen. Es war mir geglückt, aus dem kleinbürgerlichen Milieu auszubrechen, in dem ich vorher lebte. Ein neues, aufregendes Leben sollte beginnen. Ich sah mich dem Paradies schon ein Stück näher. Da brach Sven mir das Herz.

Es war drei Uhr nachts. Und ich wollte nur noch weg, weg von ihm, weg aus dem Hotelzimmer, weg aus diesem Land. Ich fühlte mich so schlecht behandelt, so benutzt. Konfus packte ich meine Koffer. Nichts empfand ich in diesem Moment erniedrigender, als um Liebe betteln zu müssen. Er versuchte nicht, mich zu halten, seine Augen blieben kalt. Ich dachte nur: »Raus hier! Versuche wenigstens deine Würde zu retten.« Ich wußte nicht, wohin ich mich nun wenden sollte, und irrte umher – eine verschmähte Frau, abserviert, weil sie so dumm war, sich mit einem viel jüngeren Mann einzulassen, irgendwo in einer fremden Welt. Ich hatte nur noch einen Wunsch: nach Hause zu fahren, in die Schweiz, zurück in mein Appartement. Verletzt, wie ich war, wollte ich mich nur noch verkriechen und mir, wie ein geprügelter Hund, »die Wunden lecken«. Nie wieder sollte ein Mann mir soviel Schmerz zufügen können. Nie mehr sollte es einem Menschen gelingen, so nah an meine Gefühle heranzukommen. Das schwor ich mir in jener Nacht, in der ich voller Wut und Trauer war. Ich flüchtete in das hell erleuchtete Vestibül eines großen Hotels, schluchzte still vor mich hin und wartete, daß es endlich Morgen würde und eines der Reisebüros die Rolläden hochzog, damit ich hineingehen konnte, um den sofortigen Rückflug zu buchen. In diesen Stunden suchte ich nach Erklärungen und nach Fehlern in meinem Verhalten. Hätte ich diese Reise nie antreten sollen? Hätte ich meine Beziehung zu Thomas, in der ich doch sicher und geborgen war, nie abbrechen dürfen? Mein Gott, was hatte ich Thomas angetan, indem ich ihn nach vierzehn Jahren Ehe wegen Sven, einem Jüngeren, verlassen hatte? Hatte ich denn nur Fehler begangen? War ich wirklich ein »egoistisches Ungeheuer«, wie Thomas mir vorgeworfen hatte? Ich saß auf meinem Gepäck und zerfleischte mich in Gedanken. Ich weiß nicht, wie oft ich dachte: »Ach, hätte ich doch, ach, wäre ich doch ...! Da siehst du, was du angerichtet hast. Du wolltest alles, jetzt hast du nichts.« Ich sagte mir: »Ich muß verrückt gewesen sein.« Aber das war es doch, was ich mir insgeheim gewünscht hatte – einmal in meinem Leben wollte ich nochmals etwas Verrücktes tun.

Zu Anfang war es nur ein Gedankenspiel gewesen. Ich hatte mir vorgestellt, wie es wäre, wieder frei zu sein. Damals schrieb ich in mein Tagebuch: »Ich fühle mich gefesselt. Mein Leben mit Thomas

hat sich eingependelt. Es ist mit den Jahren wie das Ticken der Stand-
uhr in der dunklen, muffigen Wohnküche meiner Großmutter geworden – gleichförmige Wiederholung, Tag für Tag, bis an das Ende
unserer Tage.« Ich weiß noch, wie der Gedanke zum Wunsch an-
wuchs. Diesen Wunsch wollte ich mir selbst nicht eingestehen, und
niemand durfte etwas davon erfahren – weder Thomas noch seine
Eltern, die uns inständig dazu ermahnten, wir müßten Kinder haben,
und auch nicht die gemeinsamen Freunde. Für sie waren Thomas
und ich ein unzertrennliches Gespann – nach außen hin. Innen sah
unsere Beziehung etwas anders aus: eine Lebensgemeinschaft, die
nur noch Zweckgemeinschaft war, mit einer Liebe wie zwischen Ge-
schwistern und stundenlangem Schweigen vor dem Fernsehgerät.
Es war die Phase, in der man noch sehr am Partner hängt und ihm
nichts Schmerzliches zufügen möchte, das Herz aber schon für einen neuen Menschen frei ist. Man ahnt, daß irgendwann ein anderer kommt, doch hat man gleichzeitig Angst davor. Ich trug dazu ein:
»Thomas gibt mir Sicherheit und Freundschaft. Doch habe ich immer öfter das Gefühl, an der Trägheit unseres Alltags zu ersticken.
Mein Herz will noch einmal aufgeregt sein. Ich möchte noch einmal
ins Ungewisse gehen, Unbekanntes sehen, Leidenschaft erleben.«

In dieser Phase traf ich Sven. Ich lehrte an einer Fortbildungs-
akademie. Sven war ein Kursteilnehmer. Ich war fast vierzig, Sven
gerade vierundzwanzig. Nicht im Traum hätte ich daran gedacht, daß
einer dieser jungen Männer, die ich zweimal pro Woche unterrich-
tete, mein Leben verändern sollte. »Das sind doch noch Kids«, hatte
ich immer gesagt. Doch Sven war längst kein kleiner Junge mehr. Er
war ein charmanter junger Mann. Er mochte und bewunderte mich.
Das tat mir gut. Ich fühlte mich als Frau wieder begehrenswert. Und
ich mochte ihn auch. Irgendwann war es mehr als das. Immer öfter
kam er nach dem Unterricht zu mir, und wir unterhielten uns. Aus
Spaß ging ich eines Nachmittags ins Café mit ihm. Er flirtete heftig,
und ich lachte, es war schön. Aus dem Spaß wurde Ernst. Erst war
es nur ein kleiner Kuß und dann ... Es kam zu einem Seitensprung,
den ich niemals für möglich gehalten hätte. Ich weiß noch, wie er-
schrocken ich über mich selbst war. Dann, als ich Thomas alles ge-

sagt hatte, zog ich aus der gemeinsamen Wohnung aus. Die Zeit danach war übel. Jede Nacht rief Thomas mich an und weinte. Meistens war er betrunken. »Du hast alles kaputtgemacht – du mit deinem Egoismus!« warf er mir vor. In mir stiegen Schuldgefühle hoch, weil ich über das, was ich getan hatte, verunsichert war. Ich rang mich dazu durch und beendete die Beziehung mit Sven. Für etliche Wochen ging ich zu Thomas zurück. Aber Mitleid ist keine Basis für eine echte Partnerschaft. Mein Verlangen nach einem anderen Leben blieb – und die Liebe zu diesem »Jungen«. Nach einer Weile zog ich endgültig den Schlußstrich, ich wollte die Scheidung. Hundertmal hatte Sven mich angefleht, diesen Schritt zu vollziehen. Ständig hatte er mir Eifersuchtsszenen geliefert, vor allem, wenn er wußte, daß ich zu Thomas ging. Immer wieder hatte Sven mich davon zu überzeugen versucht, daß er mich liebte und ich ihm vertrauen könne. Dann habe ich ihm vertraut, und er hat mich so enttäuscht und verletzt.

Und nun saß ich fest. Es gab kein Zurück. Zumindest müßte ich noch eine ganze Woche warten, bis ich einen Flug bekäme. Diese Auskunft erhielt ich im Reisebüro. Schon wieder eine Unbill, die ich hinnehmen mußte. Ein Weinkrampf schüttelte mich. Als ich mich wieder beruhigte, sagte ich mir: »Also gut, wenn du schon mal hier bist, warum sollst du dir dieses Land nicht aus der Nähe ansehen? Wer weiß, ob du je wieder Gelegenheit dazu hast.« Was soll ich sagen? Ich fand es auf einmal falsch, nach Hause zu flüchten. Ich beschloß, durch Ägypten zu reisen. Als Frau allein unterwegs – ein Wahnsinn, hätte ich früher gedacht. Doch jetzt war ich selbst allein unterwegs, und es hatte nichts Beunruhigendes mehr. Im Gegenteil, mehr und mehr durchströmte mich ein Gefühl der Freiheit. Ich vermerkte: »Wenn niemand mehr da ist, der an dich glaubt, dann mußt du eben selbst an dich glauben.« Heute würde ich sogar meinen: Ein Mensch, der so verletzt ist, wie ich es war, kann unheimliche Kräfte entwickeln. Ich ging los und sah Alexandria, den Tempel von Luxor und das Tal der Könige. Ich fuhr auf dem Nil, flog an das Rote Meer und pilgerte mit in das Sinaigebirge. Ich lernte nette Menschen kennen – mit einem Paar aus Berlin habe ich sogar heute noch Kontakt –, fotografierte die Pyramiden und das Treiben auf den Straßen. Ich feilschte mit Taxifahrern und ließ mich in die entlegensten Wüstenwinkel kutschieren. Es war eine Euphorie. Ich wußte zwar nicht, wie es weiterginge, wenn ich wieder zu Hause sein würde, doch es war mir einerlei. Ich lernte, den Tag zu genießen. Alles, was ich sah und erlebte, war interessant und neu für mich. Ich entdeckte plötzlich Seiten an mir, die ich noch nicht kannte. Ich lernte ein wenig Arabisch. Ich vermochte anderen Alleinreisenden zu raten, wo sie gut übernachten konnten. Einmal organisierte ich sogar eine Fahrt zu einer Ausgrabung. In manchen Momenten war ich geradezu verliebt in das neue Ich, weil ich sah, daß ich allein sein und trotzdem Spaß haben konnte und daß ich auch ohne Partner leben konnte. Diese neuen Gefühle wollte ich festhalten. Ich nahm mein kleines kariertes Ringbuch für die Reisenotizen und schrieb die Zeilen: »Ich lerne jeden Tag mehr über das Leben und darüber, was ich ausleben möchte. Ich will kein schwerblütiges Naturell sein, will nicht mehr trauern – nicht um Sven und nicht um Thomas. Ich möchte mich selbst finden, wissen, wer ich bin, welche Fähigkeiten in mir schlummern und wie ich leben will.« Das Alleinsein fing an, mir zu gefallen. In meinem ganzen Leben war ich nie zuvor derart unternehmungslustig und lebenshungrig gewesen.

Natürlich trafen mich auch schwache Momente. Dann grübelte ich wieder nach. Und jede Situation, jede herzzerreißende Szene trat erneut ans Tageslicht. Ich dachte an meine Ehe, die zerstört war, an den Geliebten, der die Lust an mir verloren hatte, und daß ich daher nie mehr in dieses Leben zurückkonnte. Ich dachte an die Fehler, die ich begangen hatte, und an die schönen Momente, die ich in Zweisamkeit erlebte. Und dann kam wieder die Trauer über das, was ich doch so gerne festgehalten hätte. Ich fragte mich, ob ich so etwas wie ein Zuhause und einen Menschen, der für mich kochte, noch einmal haben würde. Angst beschlich mich bei dem Gedanken, nach Hause zu fahren, weil niemand mehr da war, der auf mich wartete. An diesen Tagen fühlte ich mich ungeliebt und einsam. Ich sehnte mich nach Streicheleinheiten und glaubte Sven auf der Straße gesehen zu haben. Vielleicht, dachte ich, sucht er nach mir, um mir zu

sagen: »Es war nicht so gemeint. Verzeih mir bitte! Ich liebe dich.«
Doch jedesmal, wenn ich genauer hinsah, erkannte ich: Es war nicht
Sven, es war nur eine Wunschvorstellung. Und dann ärgerte ich mich
über mich selbst, weil ich bemerkte, wie sehr ich noch an der Vergangenheit festhielt. Ich wollte nicht wieder die Kontrolle verlieren.
Ich wollte nicht mehr fragen: »Was habe ich falsch gemacht?« Ich
wollte keine jammernde Frau mehr sein, sondern mich ändern und
neu anfangen – ohne einen Kloß, der im Hals steckte, ohne Wut,
ohne Verzweiflung und ohne störende, zermürbende Gedanken.
Ich fühlte, ich mußte den Verlust akzeptieren und positiv nach
vorne schauen, sonst würde er meinem Neuanfang stets im Weg
stehen.

In dieser Lage lernte ich, wie hilfreich es sein kann, konsequent
positiv zu denken. Ich sagte mir: »Gut, du hast etwas verloren. Doch
das ist noch kein Grund, verzweifelt zu sein. Wer weiß denn, ob das,
was dir die Zukunft bringt, nicht viel schöner sein wird als alles, was
du vorher erlebt hast? Du mußt nur fest daran glauben.« Immer wieder dachte ich: »Du kannst froh sein, denn du hast eine schwierige
Situation durchgestanden. Du hast es alleine geschafft. Es kann also
nur noch besser werden.« Auf diese Weise sprach ich mir Mut zu,
und ich hörte auf, mich zitternd danach zu fragen, wie es weitergehen sollte. Um mich selbst zu trösten, versuchte ich bewußt, mir
manchmal selbst eine kleine Freude zu bereiten. Es entstand eine
Art Gegenprogramm, um nicht wieder damit anzufangen, in mich
hineinzuhorchen, die Vergangenheit zu beklagen und mich selbst zu
zerstören. Ich halte es heute noch so, wenn ich mich innerlich nicht
wohl fühle. Dann gehe ich chinesisch essen, kaufe mir etwas, was
mir gefällt, sehe mir eine Vorstellung des Kleinkunsttheaters oder eine
interessante Ausstellung an, oder ich sitze einfach nur stundenlang
in einem Café und bin unter Menschen. Durch das Gespräch mit mir
selbst wollte ich mich vor meinen Ängsten und Depressionen retten.
Und es gelang mir – zwar nicht in den ersten beiden Wochen nach
dem Trennungsschock. Aber nach drei, vier Wochen allein in Ägypten verspürte ich wieder »Boden unter den Füßen«. Die innere Bereitschaft, in eine bessere Zukunft zu gehen, arbeitete für mich. Ich

fühlte mich nicht mehr benutzt und weggeworfen. Ich war wieder ich selbst. Vielleicht habe ich es in so kurzer Zeit geschafft, weil alle meine Kräfte gefordert waren.

Als ich nach fünf Wochen im Flugzeug saß und nach Hause flog, war ich ein anderer Mensch. Meine Einstellung hatte sich verändert, und ich sah die Welt mit anderen Augen. Den ganzen Flug über blickte ich aus dem Fenster, betrachtete die weißen Wolkenlandschaften und träumte vor mich hin. In mir war ein Gefühl der Ruhe und des Stolzes, fast so, als hätte ich etwas Großes geschaffen. Ich dachte: »Wenn du Glück hast und alles sich verbindet, wirst du eines Tages sagen, daß diese Phase nötig war, damit ein zufriedener Mensch aus dir werden konnte und kein ›Wiederholungstäter‹.« Und ich bemerkte, wie meine Fähigkeit, manches von einem heiteren Winkel aus zu betrachten, langsam zurückkehrte.

Es hat zwar etwas gedauert, doch schließlich fand ich wieder einen Partner, mit dem ich zusammenzog. Thomas hat erneut geheiratet, und wir sind Freunde geworden. Wenn wir einander zufällig in der Stadt begegnen, gehen wir gemeinsam ein Eis essen. Von Sven habe ich nie mehr etwas gehört. Natürlich habe ich ihm längst verziehen. Irgendwie bin ich ihm heute sogar dankbar, daß alles so gekommen ist. Meine letzte Tagebucheintragung aus dieser Zeit lautet: »Die Reise in den Orient ist eine Reise zu mir selbst geworden.«

(Nach einem Brief von Christina M.,
52 Jahre, Lehrerin in Zürich)

VIERTER BRIEF:
»Ich verlor das Liebste,
alles schien zu Ende,
doch ich stand wieder auf«

> Alle Dinge sind möglich
> dem, der da glaubt.
> MARKUS 9, 23

... Die Wäsche liegt noch da wie immer. Die karierten Kleidchen, die Blusen, die Pullis, die Jeans, alles fein säuberlich gestapelt. Ich habe alles im Schrank aufbewahrt. Und manchmal denke ich wider die Vernunft: »Vielleicht braucht sie es, ja noch.« Doch sie wird nicht zurückkommen. So ist es, und so muß ich es akzeptieren, wenn es auch schwerfällt. Denn Betty lebt nicht mehr. Es ist schon sieben Jahre her. Aber sobald ich darüber spreche, sogar jetzt, als ich diese Zeilen zu Papier bringe, stehen Tränen in meinen Augen. Denn völlig verheilt ist diese Wunde immer noch nicht. Der Tod meiner kleinen Tochter ist ein Bruch in meinem Leben, den ich wohl nie ganz überwinden werde, obschon ich gelernt habe, damit zu leben, und wieder die Kraft fand, das Leben positiv zu sehen.

Bis es geschah, schien mir das Leben stets gewogen zu sein. Es hat mir nahezu jeden Wunsch erfüllt. Ich arbeitete im elterlichen Hotelbetrieb, eine Tätigkeit, die mir Freude bereitete und in die ich von Kindheit an hineingewachsen war. Ich hatte einen lieben Mann und bekam, als ich 24 Jahre war, mein erstes Kind, Betty. Ich war froh. Genau so hatte ich es mir immer vorgestellt: eine erfolgreiche Geschäftsfrau zu sein, eine glückliche Mutter und Ehefrau, und eine Familie zu haben.

Und es ging uns gut. Wir lebten in einem schönen Haus mit Garten direkt bei Hamburg. Tagsüber war ich im Hotel. Klaus, mein Mann, ging in die Praxis (er ist Tierarzt). Anna, die Kinderfrau, kümmerte sich darum, daß Betty gut versorgt war, bis ich am Nachmittag nach Hause kam. Jeden Tag, wenn ich vom Hotel zurückkehrte, verbrachte ich mindestens drei Stunden nur mit Betty. Wir haben dann zusammen gespielt, und ich habe ihr Geschichten vorgelesen. Diese

Zeit gehörte nur uns beiden. Ich lebte in einer »heilen Welt«. Und Betty war mein Augapfel. Für sie sollte nur die Sonne scheinen. Nie dachte ich daran, daß es je anders sein könnte. Wie sollte ich? Mein Leben war bis dahin nach Plan verlaufen. Ich kannte nichts anderes – bis dahin ...

Dann wurde es dunkel um mich. Datum und Uhrzeit sind in mir wie eingebrannt: Am 6. November 1988 um 13.45 Uhr fiel meine Welt in sich zusammen. Ich stand gerade an der Hotelrezeption, als mich der Anruf erreichte. Das Krankenhaus war am Apparat. Was man mir da sagte, war furchtbar. Mir war, als würde ich in Stücke gerissen, und ich schrie: »Mein kleines Mädchen?!« Betty war auf dem Weg von der Schule nach Hause von einem Auto angefahren worden. Sie lag im Hospital, war ohne Bewußtsein. Was dann folgte, war die Hölle – sie da liegen zu sehen, verbunden mit all den Schläuchen, angeschlossen an alle die Geräte, die künstliche Beatmung, durch die ihr Bauch sich mechanisch hob und senkte, das leblose Gesicht, ihr geschundener zarter Körper – das war zuviel: Mein Mann brach weinend zusammen. Ich bemühte mich um Sachlichkeit, wollte diesen schrecklichen Alptraum nicht wahrhaben, brüllte die Ärzte an, stotterte herum, forderte Versprechungen, sie durchzubringen. Doch sie brachten sie nicht mehr durch. Wenige Stunden später war unsere Tochter tot.

Mein Sonnenschein, acht Jahre jung, das ganze lange Leben noch vor sich, war plötzlich erloschen. Und doch setzte das Alltagsleben sich draußen in der Welt wie gewöhnlich fort. Hausfrauen kauften ein, Paare schlenderten Hand in Hand, der Kinderchor sang vorweihnachtliche Lieder – niemand fragte nach unserem Leid, niemand kümmerte sich darum.

Die Welt um mich herum war unwirklich geworden, mein Leben leer und sinnlos. Nichts war mehr da, wofür es sich weiterzuleben lohnte. Ich empfand nur noch Schmerz, so tief und so unerträglich marternd, daß es sich kaum beschreiben läßt. In meinem ganzen Leben hatte ich noch nie solchen Schmerz gefühlt. Es war, als würde mir bei lebendigem Leib die Haut abgezogen. Darüber wurde ich mir selbst fremd. Ich habe mich nur noch in Bettys Zimmer eingeschlossen und wollte von der Realität nichts mehr wissen. Tagelang vergrub ich mein Gesicht in Bettys Kopfkissen und roch daran. Wochenlang zündete ich, in mich selbst verkrochen, überall Kerzen an und baute mit den Fotos von Betty Altäre. Monatelang war ich voller Haß und Rachsucht. Ich haßte den Autofahrer, der Betty im Nebel nicht gesehen hatte. Ich haßte unsere Rechtsprechung, die den Mann meines Erachtens zu gering bestraft hatte. Ich haßte die Ärzte, weil sie mein Kind nicht retten konnten. Ich haßte alle Menschen, denen es gutging. Und ich haßte Gott. Immer fragte ich, warum er mir genommen hatte, was mir das Allerliebste war. Warum ließ er zu, daß meine kleine heile Welt zerbrach, ich hatte doch nichts Böses getan? Warum mußte unser Kind so früh sterben, es war doch noch so klein und unschuldig?

Fast wäre ich darrüber verrückt geworden. Wenn ich in meiner Trauer um mein Kind noch einen Schritt weitergegangen wäre und mich noch tiefer in mich selbst zurückgezogen hätte, wer weiß, was dann aus mir geworden wäre? Zum Glück wurde ich rechtzeitig gebremst, doch viel hat nicht gefehlt. Ich konnte nicht mehr arbeiten. Ich wollte nicht mehr essen. Nichts konnte mich trösten. Mir war nur elend zumute. Und am liebsten wäre ich tot gewesen. Jeden Tag saß ich zu Hause und starrte die Wände an. Ich wartete, daß Betty endlich aus der Schule nach Hause käme. Aber sie kam nicht. Oder ich dachte, daß sie jeden Augenblick in der Tür erschiene, die kleine gelbe Gießkanne in der Hand, um hinaus in den Garten zu gehen und dort, was sie so gerne tat, die Blumen zu gießen. Dabei hörte ich ihre Stimme: »Mutti! Warum weinst du denn? Komm, laß uns lieber zusammen spielen!« Aber sie erschien nicht mehr in der Tür. Sie goß auch ihre »Blümchen« nicht mehr. Sie konnte ja nicht kommen. Nie, nie wieder! Das Wissen um diese Endgültigkeit brachte mich bald um den Verstand. Lange dachte ich, das würde ich nicht überleben.

Aber ich habe es überlebt. Mein Herz, das aufgehört hatte zu schlagen, ist wieder in Gang gekommen. Ich weiß nicht, wie lange ich in diesem finsteren Zustand blieb – jedes Zeitgefühl war mir abhanden gekommen. Doch ist in meinem Leben wieder Licht. Den

Impuls dazu lieferte meine Schwester. Sie hat, als ich fast krank war
vor Schmerz, die Initiative ergriffen und für mich einen Termin bei einer Therapeutin vereinbart. Ich weiß noch, wie ich früher auf Menschen herabsah, die Hilfe bei Psychologen suchten. Irgendwie schien
mir das eine Modeerscheinung zu sein. Aber jetzt befand ich mich
selbst in der Situation. Ich benötigte dringend den Rat eines Menschen, der emotional neutral war. Die Gespräche mit meinem Mann
oder meinen Eltern verliefen immer gleich und bedeuteten keine
echte Hilfe für mich. Meist zogen wir einander noch tiefer in das
schwarze Loch unserer Traurigkeit, und das Gespräch endete damit, daß wir dasaßen und weinten. Ich mußte es alleine schaffen.
Und ich brauchte jemanden, der mir Möglichkeiten zeigte, wie ich
mich am eigenen Haarschopf aus dem Sumpf herausziehen könnte.

Es gelang mir. Ich fand wieder Halt und auch zu mir selbst. Zuerst lernte ich, mit Selbstvorwürfen aufzuhören. Denn bis dahin quäl-
ten mich Schuldgefühle, daß ich im Moment des Unfalls nicht bei
Betty war, daß ich sie an diesem Tag nicht von der Schule abgeholt
oder wenigstens ihre Hand gehalten hatte, als sie bewußtlos hin-
überglitt in die andere Welt, und daß ich mich nicht einmal mehr von
ihr verabschieden konnte. Denn das Schlimmste war, daß ich mich
in gewisser Weise an ihrem Tod mitschuldig fühlte. Deshalb habe ich
mich einer Aufgabe zugewandt, die mir keine Zeit mehr läßt, über
»was wäre, wenn ...« nachzugrübeln. Ich wollte mich etwas Sinn-
vollem widmen. So begann ich mich für behinderte Kinder einzu-
setzen. Für mich war diese Tätigkeit neben der Hotelarbeit ein ganz
neuer Anfang und das Ende meiner Verzweiflung. Ich erkannte, daß
ich mein Leid besser bewältigte, indem ich Menschen half, denen
noch viel Schlimmeres widerfahren war als mir. Kranken Kindern zu
helfen gab meinem Leben wieder einen Sinn. Hier konnte ich immerhin etwas bewegen. Denn an dem, was geschehen ist, war nichts
mehr zu ändern. Meine Tränen und Selbstvorwürfe erweckten mein
Kind nicht mehr zum Leben. Ich begriff, daß ich endlich hinnehmen
mußte, was nicht zu ändern war, und daß keiner von uns, weder der
Autofahrer noch ich, die Schuld trug. Eine Schuld war nicht vorhanden, es war Schicksal. Das Schicksal hat seinen eigenen Plan. Nur

»Gott« weiß, warum solches geschieht. Und ich darf nicht denken: »Gott hat mich im Stich gelassen, Gott will mich strafen.« Ich darf mich auch nicht selbst aufgeben und mein Leben nicht einfach wegwerfen. Mir bleibt nichts anderes übrig: Ich muß mich auf Gott verlassen und ihm darin vertrauen, daß hinter allem ein Sinn steht, den ich, wenn schon nicht jetzt, so doch eines Tages begreifen werde. An diesem Glauben halte ich fest.

Ich habe mich mit Gott wieder versöhnt, weil ich mich mit diesem Leben wieder versöhnen mußte. Die Alternative wäre gewesen, am Schicksal zu zerbrechen. Ich war, wie gesagt, nahe daran. Doch hatte ich die gesamte Zeit über das Gefühl, daß ich den Tod meiner Tochter nur verkraften kann, wenn ich den Glauben an ein Weiterleben nach dem Tod mit einbeziehe. Denn was wäre mir sonst von Betty geblieben? Hätte ich nicht wenigstens den Glauben, daß Betty noch in irgendeiner Form existiert, mir vielleicht zusieht und auf mich wartet, bis ich selbst eines Tages zu ihr komme, hätte ich nichts, an dem ich mich festhalten könnte. Dieser Gedanke beruhigt und tröstet mich und hat mir wieder Kraft für den Alltag gegeben.

Ich habe mich dafür entschieden, daran zu glauben, daß mein Kind da oben noch existiert – irgendwo und in meinem Herzen. Für mich ist sie nicht weg. Ihre Seele ist da, und ich kann in Gedanken mit ihr sprechen. So füllte ich die Leere in meinem Leben, und der Tod hat für mich nichts Endgültiges mehr. Ich habe mir gesagt: »O Gott, ich setze mein ganzes Vertrauen auf dich, daß Betty es in deiner Welt besser hat als in meiner und daß dies der wahre, der einzige Grund dafür ist, warum du sie so früh zu dir gerufen hast.« So zu denken, hat mir wieder Mut gegeben. Auch und gerade dann, wenn ich selbst nicht mehr weiterweiß oder mit der Erinnerung alles wieder hochkommt, halte ich mich daran und vertraue darauf. An dem Tag, an dem ich hier auf Erden fertig bin und sterbe, treffen wir wieder zusammen: Betty und ich, meine Mutter und mein Vater – die inzwischen ebenfalls verstorben sind –, mein Mann, wenn es für ihn an der Zeit ist, und alle Menschen, die ich im Leben geliebt und schließlich verloren habe. Dann bleiben unsere Seelen für immer vereinigt. Nichts kann uns mehr trennen. Daran glaube ich.

Das ist die Geschichte von der schwersten Krise meines Lebens. Heute, nach Jahren, weiß ich, daß diese Zeit eine Wende in meinem Leben einleitete. Zuerst hätte ich nie daran gedacht. Doch dann fing noch einmal etwas Neues an. Ich gewann zu vielem eine andere Einstellung. Und Menschen, die mich gut kennen, sagen, ich sei offener und mitteilsamer geworden. Vielleicht liegt es daran, daß ich mich nicht mehr so egozentrisch wie früher allein für das eigene kleine Leben interessiere, sondern mehr als je zuvor den Wunsch verspüre, der Welt um mich herum etwas zu geben, wenn ich merke: »Du kannst hier etwas bewerkstelligen.« Wie auch immer, mein Leben und meine Persönlichkeit haben sich ziemlich gewandelt. Wenn ich auch ab und zu noch traurig bin, so wurde ich doch ein Mensch, der gerne fröhlich ist. Ich habe auch allen Grund dazu. Vor drei Jahren habe ich noch einmal ein Kind bekommen, diesmal einen Sohn. Er heißt Robert und hält mich ganz schön auf Trab. Und es geht mir wieder gut. Ich glaube, meine Umwelt spürt das ebenfalls. Die Gäste im Hotel sagen manchmal zu mir: »Wie gelingt Ihnen das bloß? Sie sind immer so guter Laune. Für jeden haben Sie ein offenes Ohr und nehmen sich Zeit zuzuhören.« Neulich schenkte mir meine beste Freundin ein Stehaufmännchen mit lachendem Clowngesicht. Ich finde, es paßt zu mir. Ich habe es mir als Maskottchen auf die Theke der Rezeption gestellt. So kann es jeder sehen. Das bin ich!

(Nach einem Brief von Kathrin C.,
46 Jahre, Hotelbesitzerin in Hamburg)

6
Ich lebe nach Herzenslust

Bleiben Sie optimistisch!

Möglicherweise hat Sie das vorangegangene Kapitel mit den Erfahrungsberichten jener Menschen, die eine schwierige Zeit durchlebt und ihr Schicksal auf positive Weise gemeistert haben, nachdenklich gestimmt, vielleicht sogar auch ein wenig melancholisch, weil die eine oder andere Geschichte Sie berührte. Deshalb sei zuletzt eine einfache Form der Selbsthilfe vorgestellt, um sich wieder aufzuheitern, schwere Tage zu erleichtern und schöne Tage noch zu verschönern. Sie können sofort mit den Kurzprogrammen beginnen – der sanften Medizin gegen alltägliche Unlustgefühle und allgemeine Unzufriedenheit.

Kurzprogramme gegen den Alltagsfrust

> Nach fröhlichem Erkennen
> folge rasch die Tat.
> JOHANN WOLFGANG VON GOETHE

Jedes der sieben Programme steht unter einem anderen positiven Motto. Sie bieten zugleich eine Möglichkeit, sich an einige wesentliche Denk- und Handlungsschritte aus den vorangegangenen Kapiteln zu erinnern. Zu empfehlen wäre: Stellen Sie Ihren Alltag öfter einmal unter eines der vorgegebenen Mottos. Und versuchen Sie, sich den ganzen Tag möglichst konsequent an dieses Motto zu halten beziehungsweise sich zu bestimmten Zeiten etwas Raum zu schaffen, um die eine oder andere im Programm enthaltene Anregung in die Tat umsetzen zu können.

Die sieben verschiedenen Kurzprogramme reichen für eine Woche – das Wochenende inklusive – mit täglich anderem Thema. Falls Ihnen der Sieben-Tage-Rhythmus etwas zu dicht hintereinander erscheint, brauchen Sie ihm nicht in dieser Form zu folgen. Wählen Sie in diesem Fall nur jene Mottos aus, von denen Sie glauben, daß sie zu Ihrer Lebenssituation am besten passen, und versuchen Sie diese nur dann in Ihren Alltag zu integrieren, wenn Sie spüren: »Heute brauche ich so etwas.« Wenn Sie bemerken, daß es Ihnen wohltut, können Sie auch länger »Ihr« Motto befolgen.

Und falls Sie die Zeit dafür finden, sollten Sie am Abend Ihre Gefühle und Erfahrungen hinsichtlich des durchgeführten Programms kurz schriftlich festhalten – auch um sie für sich selbst besser auswerten zu können. Dies könnte überdies eine Gelegenheit darstellen, mit sich selbst einmal in Ruhe zu sein, abzuschalten und sich zu fragen: »Mal ehrlich – wie habe ich diesen Tag verlebt? Habe ich es heute geschafft und mein Leben ›trotz allem‹ nach Herzenslust genossen? Oder habe ich es zugelassen, mich an den üblichen Negativaspekten wiederholt zu infizieren?« Diese Form der Selbstreflektion wirkt sich in jedem Fall günstig für Sie aus. Denn so verhelfen Sie sich selbst zu einer positiven Lebenseinstellung und erziehen sich zu einem gefestigten »Pro-Denker«, dem kaum ein Alltagsgeschehen mehr das zermürbende Gegenteil beweisen kann.

Bleiben Sie »am Ball« – selbst wenn nicht alle Tage nur Sonnenschein bringen und unsere ereignisreiche Zeit gewiß noch so manche Herausforderung bereithält. Freuen Sie sich Ihres Lebens und feiern Sie es so oft wie möglich. Lassen Sie nichts unversucht, diese unsere Welt auf Ihre persönliche Weise frohgemut zu durchschreiten, und werden Sie unabhängig davon, ob das Ihren Mitmenschen gefällt oder nicht. Wenn Sie und ich jeden einzelnen Tag nur einen einzigen positiven Schritt dazu unternehmen, sichern wir uns damit unser Lebensglück – heute und in Zukunft. Und alle werden uns darum beneiden. Denn man sieht es uns an. Wir sind vergnügt – auch wenn es regnet. Optimisten brauchen keinen Regenschirm.

ERSTER TAG:
Lieber fröhlich als mürrisch

Einige Möglichkeiten zur Anregung

An diesem Tag will ich nur die Rolle spielen, die mir am besten gefällt, denn so schaffe ich mir viele heitere und befriedigende Momente.

Ich mache mir am Morgen eine Minute lang bewußt, daß es heute in meiner Macht steht, die Tür zum Glücklichsein aufzustoßen. Also will ich keine Zeit verlieren und etwas dafür unternehmen – Übung macht den Meister!

Ich bereite mir das Frühstück, schließe kurz die Augen und denke an etwas Erfreuliches, das mir bevorsteht. Dabei baue ich innerlich Vorfreude auf und lächle in mich hinein.

Ich beginne meine Aktivitäten voll Unbefangenheit und erwarte keine Wunder. Als »Aufwärmübung« bejahe ich jedes Gesprächsangebot – sei es die Plauderei mit der Zeitungsfrau, der ich einen schönen Tag wünsche, oder eine Besprechung mit Kunden und Kollegen, bei der ich mich freundlich verhalte.

Ich spreche mir die Formel vor: »Ich bin großzügig«, und übersehe die Schwächen meiner Mitmenschen. Ehe ich mich heute ärgere, spiele ich den Anlaß lieber herunter und animiere mit zwinkerndem Auge jeden »Griesgram«, der mir begegnet, zu einem Lächeln.

Heute sende ich an meine Umwelt positive Signale, indem ich überall dort, wo ich bin, ein bißchen für fröhliche Stimmung sorge, charmante Komplimente verschenke oder scherze und mich für die Menschen interessiere, denen ich begegne.

Bei allen kleineren oder größeren Problemen, die ich heute tagsüber zu lösen habe, halte ich mich getreu an die Äußerung des Philosophen ERNST BLOCH und werde danach verfahren: »Man muß in das Gelingen verliebt sein, nicht in das Scheitern.«

Allem, was ich am Feierabend noch zu erledigen habe, will ich heute eine heitere Seite abgewinnen. Wenn ich fertig bin, will ich mir etwas Zeit für mich allein nehmen, um den Tag Revue passieren zu lassen und um über alles, was mich heute störte, zu lachen.

Auf welche Weise konnte ich mein heutiges Motto in die Tat umsetzen?

_____

_____

_____

_____

Welche Gefühle und welche Erfahrungen hatte ich währenddessen?

_____

_____

_____

_____

Was kann ich bereits morgen unternehmen, damit die angenehmen Gefühle und erfreulichen Erfahrungen von heute zukünftig zu einem festen Bestandteil meines Alltags werden?

_____

_____

_____

_____

ZWEITER. TAG
Den Alltagskram auflockern,
statt darüber zu stöhnen

Einige Möglichkeiten zur Anregung

An diesem Tag will ich mich nicht daran stoßen, unbequeme Angelegenheiten erledigen zu müssen, sondern lasse mir neue Ideen einfallen, wie ich Notwendigkeiten annehmbarer gestalte.

Ich setze heute für jede Aktivität den geeigneten Zeitpunkt an und
plane genau, wann ich mir eine Tätigkeit so einrichte, daß auch eine
attraktive Seite daran zum Vorschein kommt, keine Langeweile dabei entsteht oder daß ich währenddessen meinen geistigen Horizont
erweitern kann.

Wenn ein Berg Hausarbeit wartet, ich eine längere Autofahrt unternehme, stundenlang im Zug oder Flugzeug sitze, kann ich heute statt
der üblichen Geräuschkulisse Kassetten oder Compact Discs mit li-
terarischen Bestsellern oder Gesprächen über Sachthemen hören.
So werde ich unterhalten, ohne mich unterhalten zu müssen.

Falls die Schranke des eigenen Unwillens schwer zu durchbrechen
scheint, versuche ich heute ungeliebten Aufgaben mit der Einstellung zu begegnen: »Ich nehme es nicht bitter ernst, sondern mit Humor. Ich erledige es eher spielerisch.« Dadurch entsteht mehr innere
Distanz und spürbare Lockerheit.

Ich bekämpfe meine Unlust, indem ich mir heute zwischendurch etwas gönne und in meinem Arbeitspensum keine »Zwangsveranstal-
tung« sehe – sei es, daß ich einfach alles stehen- und liegenlasse
und eine halbe Stunde spazierengehe oder mich in ein Straßencafé
setze, um loszulassen und aufzutanken. Denn danach geht alles um
so besser von der Hand.

Da ich weiß, welche kleinen Glücksmomente mich tagsüber oder abends fröhlich stimmen, besteht die Kunst darin, mir diese Momente heute immer wieder vor Augen zu führen, sie in Gedanken auszukosten und zu verlängern, oder in Vorfreude darüber zu sprechen. Denn so bekommt alles, was mich heute anstrengt und Mühe kostet, eine Dosis Freude davon ab.

Auf welche Weise konnte ich mein heutiges Motto in die Tat umsetzen?

_____

_____

_____

_____

Welche Gefühle und welche Erfahrungen hatte ich währenddessen?

_____

_____

_____

_____

*Was kann ich bereits morgen unternehmen, damit die angenehmen
Gefühle und erfreulichen Erfahrungen von heute zukünftig zu einem
festen Bestandteil meines Alltags werden?*

_____

_____

_____

_____

DRITTER TAG:
Lieber selbstbewußt als unbewußt

Einige Möglichkeiten zur Anregung

An diesem Tag will ich zu mir selbst ja sagen und mich einzig und allein auf meine Stärken konzentrieren, nicht auf meine Schwächen.

Ich schaue in den Spiegel, und anstatt mein Aussehen zu kritisieren und mich auf diese Weise selbst mißmutig zu stimmen, gehe ich ein paar Schritte im Zimmer auf und ab und sage laut hörbar: »Ich mag mich«, »Ich bin gut« oder »Ich bin liebenswürdig« und lächle mit den Augen.

Ich habe keine Hemmungen, gleichsam ins Fettnäpfchen zu treten, wenn ich heute mit Menschen Kontakt knüpfe. Ich suche den positiven Kontakt, indem ich meine Gesprächspartner offen ansehe, ihren Standpunkt kennenlernen will, schlagfertig bin und es darauf anlege, mit dem anderen zu scherzen.

Wenn sich dazu eine Gelegenheit ergibt, werde ich mich überwinden und einen vergnüglichen Flirt wagen, sei es nur ein bezaubernder Augenkontakt über mehrere Köpfe hinweg oder daß ich jemanden höflich bitte, sich kurz zu mir an den Tisch zu setzen. Dabei stört es mich nicht, wenn man zuerst nur über das Wetter spricht.

Ich will heute keine Angst haben, Gefühle an mich herankommen zu lassen oder auch darüber zu sprechen, was mich persönlich bewegt. Denn dadurch vergebe ich mir nichts. Und werde ich deswegen abgelehnt, so lasse ich mich davon nicht verunsichern, sage mir: »Ich kann es nicht allen Menschen recht machen« und wende mich spontan einem anderen zu.

Meine heutige Prämisse lautet, die Freiheit zu genießen, aufrechten Ganges durch das Leben zu gehen und immer den Mut zu haben, jemandem offen zu sagen, was ich möchte und was ich nicht möchte, selbst wenn es sich dabei um heikle Themen handelt.

Ich runde den Tag ab, indem ich mir – auch wenn ich aufgrund der Erziehung bisher ein braves Rollenverhalten praktizierte – sage: »Ich bin das Beste, was ich habe!« und »Dort, wo ich bin, ist oben.« Ich will mich darin üben – selbst wenn die Umstände, unter denen ich lebe, noch nicht ideal sind –, trotzdem froh zu sein und mich über das zu freuen, was ich bin und was ich habe.

Auf welche Weise konnte ich mein heutiges Motto in die Tat umsetzen?

_____

_____

_____

_____

Welche Gefühle und welche Erfahrungen hatte ich währenddessen?

_____

_____

_____

_____

*Was kann ich bereits morgen unternehmen, damit die angenehmen
Gefühle und erfreulichen Erfahrungen von heute zukünftig zu einem
festen Bestandteil meines Alltags werden?*

_____

_____

_____

_____

VIERTER TAG:
Lieber gutgelaunt
als verdrossen und mißmutig

Einige Möglichkeiten zur Anregung

An diesem Tag will ich den Anforderungen, die im Berufsleben an mich gestellt werden, meinen eigenen Faktor innerer Positivität entgegensetzen.

Ich zähle die Pluspunkte meines Berufes zusammen. Dazu prüfe ich heute, welche Arbeiten ich auf Konten wie »interessant« und »spannend« oder »nette Leute« und »gute Teamarbeit« buchen würde, und wäge diese Punkte gegen jene ab, die zuweilen Anlaß dafür sind, daß ich antriebslos bin und ich meine Tätigkeit ohne Freude daran verrichte.

Belastung und Hektik können mir nichts anhaben, denn ich werde mir heute mehrfach verdeutlichen, daß dies ein Tag in meinem Leben ist. Um mir selbst gleichsam den Rücken zu stärken, suche ich mir dort, wo es möglich ist, eine Nische, in der ich meine Persönlichkeit zum Ausdruck bringen kann – sei es, daß ich mein Gegenüber wohlwollend und herzlich behandle oder daß ich für meine Kollegen menschlich ein Gewinn bin.

Ich nutze heute den »Ritual-Kniff« und lege kleine Arbeitspausen ein, in denen ich mich »aufladen« kann. Während der Pausen esse ich nicht nur einen kleinen Imbiß, sondern mache mir bewußt, was mir im Leben wichtig ist. Ich setze die Optimistenbrille auf, indem ich mir vergegenwärtige, daß ein wahrer Optimist in jeder Schwierigkeit eine Möglichkeit sieht (und nur der Pessimist in jeder Möglichkeit eine Schwierigkeit).

Die beste Strategie, die Ziele meines Berufslebens zu erreichen, ist, an mir selbst zu arbeiten und mich nicht auf andere zu verlassen.

Deshalb will ich mich heute darin üben, meine Fehler abzubauen und meinen Willen zu festigen, so schaffe ich mir einen Arbeitsalltag, in dem ich aus eigenem Antrieb enthusiastisch und schwungvoll bin, und meistere Turbulenzen leichter.

Ich bin nicht bereit, zum Opfer zu werden – auch nicht des Geldes wegen. Und sollte ich bemerken, daß ich nur deshalb mit meinem Leben unzufrieden bin, weil ich nicht den geeigneten Beruf habe oder nicht in der entsprechenden Firma arbeite, denke ich heute einmal ernsthaft darüber nach, welche Chancen mir der Arbeitsmarkt anderweitig noch bietet.

Auf welche Weise konnte ich mein heutiges Motto in die Tat umsetzen?

_____

_____

_____

_____

Welche Gefühle und welche Erfahrungen hatte ich währenddessen?

_____

_____

_____

_____

*Was kann ich bereits morgen unternehmen, damit die angenehmen
Gefühle und erfreulichen Erfahrungen von heute zukünftig zu einem
festen Bestandteil meines Alltags werden?*

_____

_____

_____

_____

FÜNFTER TAG:
Besser sich neu verlieben, als zu verzagen

Einige Möglichkeiten zur Anregung

An diesem Tag will ich, auch wenn meine Liebe zerstört wurde, die Hoffnung auf ein neues Leben mit einem anderen Menschen nicht aufgeben, und mich solange selbst um meine Bedürfnisse kümmern.

Ich möchte vorbereitet sein, falls das Glück an meine Tür klopft, und nicht denken: »Es wird schon niemand für mich sein.« Denn es wäre möglich, daß ich unerwartet eine Chance erhalte. Deshalb werde ich heute die Augen weit öffnen und einem sympathischen Menschen spontan zulächeln – denn wer wagt, gewinnt.

Mein Plan ist: Ich will nicht länger verletzt oder zornig über eine Liebe sein, die verging, und auch nicht mehr traurig darüber, daß niemand da ist, der sich meiner annimmt. Statt dessen werde ich mir heute etwas Zeit nehmen, um einen »Wohlfühltag« einzulegen, mich zu entspannen und zu verwöhnen. Denn was dem Körper und den Sinnen Wohlbehagen bereitet, wirkt sich auf meine Stimmung ebenfalls positiv aus.

Ich will keine Minute mehr damit verschwenden, jemanden anzuklagen oder mir selbst etwas vorzuwerfen, denn so werde ich immer unzufriedener. Eher werde ich heute überlegen, wie ich jemandem, der hilfsbedürftig ist, eine Gefälligkeit erweisen kann. Denn die Freude eines dankbaren Menschen gibt mir Kraft und wieder das Gefühl zu leben.

Um nicht länger »im Schneckenhaus zu sitzen«, will ich heute ausgehen und mich unter Menschen begeben. Und ich warte nicht darauf, daß andere auf mich zukommen und mich ansprechen, sondern werde selbst aktiv und wage den ersten Schritt. Wieder zu Hause, nehme ich mir für tags darauf etwas Neues vor, um diese einsame Phase besser zu überbrücken und mir den Blick für die Schönheiten des Lebens zurückzuerobern.

Ich beende den Tag mit einem mentalen Fitneßprogramm, indem ich mir sage, daß ich Geduld haben muß. Denn das neue Leben kann mich wie ein Blitz treffen oder aber langsam heranwachsen. Bis es soweit ist, werde ich mir selbst helfen und mich auf angenehme Gedanken konzentrieren. Ich werde mir all das, was ich mir von Herzen wünsche, vor dem Einschlafen ausmalen und auf Überraschungen gefaßt sein. Denn, so meint der amerikanische Schauspieler JOHN BARRYMORE: »Oft kommt das Glück durch eine Tür herein, von der man gar nicht wußte, daß man sie offengelassen hatte.«

Auf welche Weise konnte ich mein heutiges Motto in die Tat umsetzen?

_____

_____

_____

_____

Welche Gefühle und welche Erfahrungen hatte ich währenddessen?

_____

_____

_____

_____

Was kann ich bereits morgen unternehmen, damit die angenehmen Gefühle und erfreulichen Erfahrungen von heute zukünftig zu einem festen Bestandteil meines Alltags werden?

_____

_____

_____

_____

SECHSTER TAG:
Lieber sich ändern,
als zu versauern

Einige Möglichkeiten zur Anregung

An diesem Tag will ich neue Erfahrungen sammeln und alle starren Regeln, nach denen ich bislang gelebt habe, über Bord werfen.

Ich will heute einmal über mich selbst lachen und das Kind in mir beleben.

Ich mache mir bewußt: Solange ich mich nicht einem bestimmten Alter gemäß benehme, kann ich meine biologische Uhr ein Stückchen zurückstellen. Denn ich bin immer nur das, was ich zu sein denke, und das hat großen Einfluß auf meine Ausstrahlung.

Heute will ich mich von mindestens einer alten (wenn auch liebgewonnenen) Gewohnheit verabschieden und Vorurteile abbauen. Um Veränderung zu üben, werde ich so handeln, wie ich sonst nie handeln würde – etwa einen Menschen zum Essen einladen, der das nicht erwartet, oder die Zähne zeigen und mich in Situationen zur Wehr setzen, in denen ich gewöhnlich schweige und meinen Unmut in mich hineinfresse.

Wenn ich bemerke, daß ich auf meine Mitmenschen ständig Rücksicht nehme und ich mich so selbst immer mehr einenge, werde ich heute einmal lauthals »ich« sagen anstatt »wir« und etwas unternehmen, zu dem ich Lust habe. Auch wenn ich fürchte, damit den Erwartungen der anderen nicht zu entsprechen.

Ich will mich heute in Gelassenheit üben und achte besonders darauf, mich nicht über jede Kleinigkeit aufzuregen und nicht sofort gereizt zu sein, wenn nicht alles nach Plan verläuft. Dazu senke ich meine Ansprüche an mich selbst und meine Mitmenschen etwas und gestatte mir, mich auch einmal gehenlassen zu dürfen, ein bißchen weniger perfekt zu sein und nicht alles mit einem kritischen Auge zu betrachten.

Ich sehe den Tag als Probiertag, mein Leben umzugestalten. Deshalb werde ich heute einen Traum, den ich längst »abgelegt« habe, hervorholen. Und ich möchte mit den Menschen in meiner nächsten Umgebung darüber sprechen, was zu unternehmen wäre, um ihn zu verwirklichen. Denn ein Erfolgsrezept für Zufriedenheit lautet: »Wer ständig glücklich sein möchte, muß sich oft verändern« (KONFUZIUS).

Auf welche Weise konnte ich mein heutiges Motto in die Tat umsetzen?

Welche Gefühle und welche Erfahrungen hatte ich währenddessen?

---

*Was kann ich bereits morgen unternehmen, damit die angenehmen
Gefühle und erfreulichen Erfahrungen von heute zukünftig zu einem
festen Bestandteil meines Alltags werden?*

_____

_____

_____

_____

SIEBTER TAG:
Lieber positiv denken,
als Trübsal zu blasen

Einige Möglichkeiten zur Anregung

An diesem Tag will ich das negative Gestern vergessen und es nicht wieder heraufbeschwören. Denn jetzt zählt nur noch, daß ich im Hier und Jetzt ein glücklicher Mensch werde.

Ich sage mir die Formel vor: »Das ist mein Tag.« Und damit stelle ich die Weichen, jeden einzelnen schönen Moment zu genießen, der sich mir bietet, und nicht achtlos daran vorüberzugehen.

Ich lasse das Wort »Leben« auf der Zunge zergehen und begreife: Heute erhalte ich eine Gelegenheit, mein Lebensgefühl so zu gestalten, daß ich gerne lebe. Um diesen Zustand nicht zu gefährden, gehe ich tagsüber allen, die negative Gedanken mitteilen, aus dem Weg und schenke dafür jenen Menschen mehr Beachtung, von denen ich etwas Erbauliches lernen kann.

Stündlich achte ich darauf, nicht wieder die alten Gedankenpfade zu betreten oder mir von Alltagsschwierigkeiten die Freude rauben zu lassen. Sobald ich bemerke, daß ich in negative Überlegungen hineintreibe, sage ich »stop!« und denke daran, daß meine Zeit dafür zu kostbar ist. Um mich aufzumuntern, mache ich mir ein kleines Geschenk, oder ich unternehme etwas, dem ich schon seit langer Zeit wieder nachgehen wollte. Und ich sage mir, daß noch so viel Beglückendes und Aufregendes auf mich wartet – ich muß nur dazu aufbrechen.

Ich halte mich heute streng an die Weisung, keine Situation zum Anlaß zu nehmen, meine unangenehmen Erfahrungen darin bestätigt zu sehen und zu meinen: »Die Welt ist schlecht!« Sondern ich übe ständig mein positives Denken, indem ich mir sage: »Es gibt auch ehrliche Menschen. Es wird gut ausgehen. Ich schaffe es.« Denn ich habe begriffen, daß ich den gewohnten Kreislauf negativer Gedankenmuster unterbrechen muß, sonst laufe ich Gefahr, unglückliche Zustände geradezu anzuziehen.

Ich werde heute bei allen sich bietenden Gelegenheiten freundlich mit mir selbst umgehen und mir sagen: »Auch wenn mein Glück nicht einfach ›vom Himmel fällt‹ und ich nicht die besten Startbedingungen erhielt, so will ich mich trotzdem nicht aufgeben. Sondern ich will mutig voranschreiten und mich zu jenem Menschen entwickeln, der ich im Grunde meines Herzens immer schon gerne sein wollte.«

Auf welche Weise konnte ich mein heutiges Motto in die Tat umsetzen?

_____

_____

_____

_____

Welche Gefühle und welche Erfahrungen hatte ich währenddessen?

_____

_____

_____

_____

Was kann ich bereits morgen unternehmen, damit die angenehmen Gefühle und erfreulichen Erfahrungen von heute zukünftig zu einem festen Bestandteil meines Alltags werden?

_____

_____

_____

_____

Literaturhinweise

BANKEI, EITAKU: *Die Zen-Lehre vom Ungeborenen.* Leben und Lehre des großen japanischen Zen-Meisters Bankei Eitaku (1622–1693). O. W. Barth/Scherz Verlag, München/Bern 1988.

CONEN, HORST: *Die Kunst, mit Menschen umzugehen.* Ein Ratgeber mit Übungen für erfolgreiche Kommunikation und Körpersprache. Du-Mont Verlag, Köln 1991.

CONEN, HORST: *Lebenskünstler leben besser!* Wie Sie aus jedem Tag das Beste machen. 3. Auflage, Ariston Verlag, Kreuzlingen/München 1995.

CSIKSZENTMIHALYI, MIHALY: *Flow. Das Geheimnis des Glücks.* 2. Auflage, Klett-Cotta Verlag, Stuttgart 1992.

DITFURTH, HOIMAR VON: *So laßt uns denn ein Apfelbäumchen pflanzen.* Es ist soweit. Rasch & Röhring Verlag, Hamburg/Zürich 1985.

DUNKEL, HEINER, und DIETER ZAPF: *Psychischer Streß am Arbeitsplatz.* Bund Verlag, Köln 1988.

FROMM, ERICH: *Haben oder Sein.* Die seelischen Grundlagen einer neuen Gesellschaft. Deutsche Verlags-Anstalt, Stuttgart 1976.

GOETHE, JOHANN WOLFGANG VON: *Werke.* 1. Theil: Gedichte. Band 1 und Band 2. Herausgegeben von Fr. Strehlke. Gustav Hempel Verlag, Berlin 1872.

GOLDBERG, PHILIP: *Die Kraft der Intuition.* O. W. Barth/Scherz Verlag, München/Bern 1985.

GROF, STANISLAV: *Vorstoß ins Unbewußte.* In: SCHAEFFER, M., und A. BACHMANN (Hrsg.): *Neues Bewußtsein – neues Leben. Bausteine für eine menschliche Welt.* Wilhelm Heyne Verlag, München 1988.

HARRIS, THOMAS A.: *Ich bin o.k. – Du bist o.k.* Wie wir uns selbst besser verstehen und unsere Einstellung zu anderen verändern können – eine Einführung in die Transaktionsanalyse. Rowohlt Verlag, Reinbek 1973.

HARTMANN, UDO: *Mentales Streß-Training.* Econ Verlag, Düsseldorf/Wien/New York 1989.

HILL, NAPOLEON, und CLEMENT W. STONE: *Erfolg durch positives Denken.* Ein Schlüsselbuch richtiger Einstellung und Motivation. 15. Auflage, Ariston Verlag, Genf/München 1991.

HUBER, GÜNTHER K.: *Stress und Konflikte bewältigen.* Ein psychologisches Recreationstraining für Führungskräfte. verlag moderne industrie, Landsberg am Lech 1983.

JUNG, CARL GUSTAV: *Warum es dem Europäer schwerfällt, den Osten zu verstehen.* In: Schaeffer, M., und A. Bachmann (Hrsg.): Neues Bewußtsein – neues Leben. Bausteine für eine menschliche Welt. Wilhelm Heyne Verlag, München 1988.

KINDER, MELVYN: *Die Jagd nach dem Glück.* Befreien Sie sich aus der Tretmühle Ihrer Wünsche. Econ Taschenbuch Verlag, Düsseldorf/Wien 1991.

LEVITT, EUGENE: *Die Psychologie der Angst.* W. Kohlhammer, Stuttgart/ Berlin/Köln/Mainz 1971.

LORENZ, KONRAD: *Noch kann man hoffen.* R. Piper Verlag, München 1986.

MITSCHERLICH, ALEXANDER, und MARGARETE MITSCHERLICH: *Die Unfähigkeit zu trauern.* Grundlagen kollektiven Verhaltens. 19. Auflage, R. Piper Verlag, München/Zürich 1987.

MORGENSTERN, CHRISTIAN: *Alle Galgenlieder.* Insel Verlag, Frankfurt am Main 1975.

MURPHY, JOSEPH: *Die Macht Ihres Unterbewußtseins.* Das große Buch innerer und äußerer Entfaltung. 57. Auflage, Ariston Verlag, Kreuzlingen/München 1996.

MURPHY, JOSEPH: *Wahrheiten, die Ihr Leben verändern.* Dr. Joseph Murphys Vermächtnis. 5. Auflage, Ariston Verlag, Genf/ München 1992.

NORFOLK, DONALD: *Denken Sie sich gesund!* Sieben Schritte neuen Denkens, die Ihre Vitalität steigern. 2. Auflage, Ariston Verlag, Genf/ München 1992.

PEALE, NORMAN VINCENT: *Du kannst, wenn du glaubst, du kannst.* 4. Auflage, Ariston Verlag, Genf/München 1991.

PIAGET, JEAN: *Das Weltbild des Kindes.* Deutscher Taschenbuch Verlag, München 1988.

POSTMAN, NEIL: *Die Verweigerung der Hörigkeit.* Fischer Taschenbuch Verlag, Frankfurt am Main 1988.

POSTMAN, NEIL: *Wir amüsieren uns zu Tode.* Urteilsbildung im Zeitalter der Unterhaltungsindustrie. Fischer Taschenbuch Verlag, Frankfurt am Main 1988.

RICHTER, HORST-EBERHARD: *Die Gruppe.* Hoffnung auf einen neuen Weg, sich selbst und andere zu befreien. Rowohlt Verlag, Reinbek 1972.

RICHTER, HORST-EBERHARD: *Umgang mit Angst.* Verlag Hoffmann und Campe, Hamburg 1992.

SAGAN, CARL: *Die Drachen von Eden.* Das Wunder der menschlichen Intelligenz. Droemer Knaur Verlag, München 1978.

SAINT-EXUPÉRY, ANTOINE DE: *Der kleine Prinz.* Karl Rauch Verlag, Düsseldorf 1977.

SCHILLER, FRIEDRICH VON: *Gedichte.* Philipp Reclam jun. Verlag, Stuttgart 1974.

SCHULTZ, JOHANNES HEINRICH: *Das autogene Training.* 15. Auflage, Georg Thieme Verlag, Stuttgart 1976.

SENECA: *Vom glücklichen Leben.* Aus dem Lateinischen von HEINZ BERTHOLD. Insel Verlag, Frankfurt am Main/Leipzig 1992.

SELYE, HANS: *Stress. Bewältigung und Lebensgewinn.* R. Piper Verlag, München/Zürich 1974.

SHAKESPEARE, WILLIAM: *Sämtliche Werke.* Ins Deutsche übertragen von AUGUST WILHELM SCHLEGEL, DOROTHEA und LUDWIG TIECK, WOLF GRAF BAUDISSIN u.a. R. Löwit Verlag, Wiesbaden o. J.

SLAIKEU, KARL, und STEVE LAWHEAD: *Der Phönix-Faktor.* Wie Sie Niederlagen und Krisen als Erfolgsstrategie einsetzen. mvg-Verlag, München 1990.

TANIGUCHI, MASAHARU: *Die geistige Heilkraft in uns.* Verlag Hermann Bauer, Freiburg im Breisgau 1985.

TEPPERWEIN, KURT: *Kraftquelle Mentaltraining.* Eine umfassende Methode, das Leben selbst zu gestalten. 4. Auflage, Ariston Verlag, Genf/München 1991.

WALB-NOELKE, HELLA: *Lebenskrise als Chance.* Vom Tiefpunkt zum Wendepunkt. Ariston Verlag, Genf/München 1991.

WANIOREK, LINDA, und AXEL WANIOREK: *Mobbing.* Wenn der Arbeitsplatz zur Hölle wird. mvg-Verlag, München 1994.

WATTS, ALAN: *Dies ist ES.* In: SCHAEFFER, M., und A. BACHMANN (Hrsg.): *Neues Bewußtsein – neues Leben. Bausteine für eine menschliche Welt.* Wilhelm Heyne Verlag, München 1988.

VESTER, FREDERIC: *Phänomen Stress.* Wo liegt sein Ursprung, warum ist er lebenswichtig, wodurch ist er entartet? Deutscher Taschenbuch Verlag, München 1978.

WATZLAWICK, PAUL: *Anleitung zum Unglücklichsein.* 38. Auflage. R. Piper, München/Zürich 1994.

WATZLAWICK, PAUL: *Die Möglichkeit des Andersseins.* 20. Auflage. R. Piper, München/Zürich 1995.

Dank

Wenn ein Autor darangeht, ein neues Buch zu schreiben, braucht er die Unterstützung von Menschen, die im Hintergrund aktiv sind: sei es daß sie Apfelkuchen backen, um ihn damit aufzumuntern, oder sei es, daß sie ihr Refugium in der Abgeschiedenheit zur Verfügung stellen, wenn er einmal Ruhe braucht. Für solche und andere »Hilfsmaßnahmen« – deren Wert und Wichtigkeit sich dem einen oder anderen »Helfer« vermutlich gar nicht bewußt sind – habe ich mich gleich mehrfach zu bedanken, was mir eine Ehre ist.

Mein ganz spezieller Dank jedoch richtet sich an die vielen Teilnehmerinnen und Teilnehmer meiner Seminare. Ihre Fragen und Probleme zu Situationen ihres persönlichen Alltags- und Berufslebens haben mich herausgefordert und inspiriert. Für sie und für Sie habe ich dieses Buch geschrieben.

Seminarhinweis

Der Autor führt in Deutschland, Österreich und in der Schweiz halb- oder ganztägige Seminare durch. Sollten Sie als Privatperson Interesse haben, Ihre neuerworbenen Einblicke und Einsichten aus diesem Buch im Zuge eines praktischen Seminars zu intensivieren, dann wenden Sie sich bitte schriftlich an die nachstehende Verlagsadresse. Das gilt auch, wenn Sie als Veranstalter auftreten und den Autor gerne einladen möchten, über positives Denken und Optimismus zu referieren oder ein Praxistraining durchzuführen. Ob für Sie selbst oder für Ihre Teilnehmerinnen und Teilnehmer – in beiden Fällen ist Ihnen eine Veranstaltung gewiß, die nachhaltige »Aha-Effekte« auslösen kann und bei der eine positive Lebenseinstellung für Alltag und Beruf eingeübt wird.

Ariston Verlag, Hauptstraße 14, CH-8280 Kreuzlingen

Notizen

Notizen

Notizen

Notizen

Notizen

Notizen

Notizen

Notizen

Paul Uccusic
Doktor Biene
Heilkraft aus dem Bienenstock

Süßer Honig statt bittere Pillen! Das alte Wissen um die Wirkkraft von Bienen-produkten wird heute wieder zunehmend genutzt. Dieses Buch informiert über die wunderbare Heilkraft von Honig, Pollen, Gelée royale, Propolis, Bienenwachs und Apis – als Antibiotikum, bei Wechseljahrsbeschwerden, in der Krebstherapie, bei Wunden, Magengeschwüren, Augenentzündungen, juckenden Ekzemen und vielem mehr.

198 Seiten, kartoniert, ISBN 3-7205-1983-X

Dr. med. Margarete Raida
Überlisten Sie die Zahl Ihrer Jahre!
Jugend aus der Apotheke und anderen Quellen der Gesundheit

Es gibt eine Fülle von pflanzlichen homöopathischen und chemischen Substanzen, altbewährten Hausmitteln und neuentwickelten Regenerationstherapeutika, die wahre Wunder wirken. Die klinikerfahrene Ärztin erläutert bewährte und neueste Verjüngungsmethoden, die dazu beitragen, auf natürlichem Weg die Vitalkraft und Lebensqualität wiederherzustellen und zu erhalten.

190 Seiten, gebunden, ISBN 3-7205-1569-9

Dr. med. Ingfried Hobert
Das Handbuch der natürlichen Medizin
Ein praktischer Führer zu ganzheitlichen Heilweisen

Dr. Hobert hat sich als praktizierender Allgemeinarzt intensiv mit den Ursachen von Krankheiten und der Vorbeugung gegen das Krankwerden befaßt, er hat Gesundheit als ganzheitlichen Zustand erforscht und sich mit der Naturmedizin anderer Kulturen beschäftigt.
Dieses Standardwerk erläutert Alternativen zu Apparaten und Pillen und bietet schnelle und umfassende Information zu allen wichtigen Naturheilweisen.

245 Seiten, kartoniert, ISBN 3-7205-1949-X

Alle diese Bücher erhalten Sie in jeder Buchhandlung.
Ein farbiges Büchermagazin mit den lieferbaren Titeln des Ariston Verlages senden wir Ihnen auf Wunsch gerne zu.

ARISTON VERLAG · KREUZLINGEN/MÜNCHEN

Hauptstraße 14, CH-8280 Kreuzlingen, Tel. 071/672 72 18, Fax 071/672 72 19
Karl-Theodor-Straße 29, D-80803 München, Tel. 089/38 40 68-0, Fax 089/38 40 68-10

Dr. Joseph Murphy
Die Macht Ihres Unterbewußtseins
Das große Buch der inneren und äußeren Entfaltung

Der Inhalt unseres Denkens und Glaubens prägt unsere Persönlichkeit, gestaltet unser Leben, bestimmt unsere Zukunft. Dr. Joseph Murphy zeigt, wie Sie die unermeßlichen Kräfte des Unterbewußtseins nach eigenem Willen nutzen und schöpferisch-kreativ einsetzen können.

287 Seiten, gebunden, ISBN 3-7205-1027-1

»Die Macht Ihres Unterbewußtseins« liegt auch als Hörbuch vor.
Gesamtspielzeit 9 ³/₄ Std., Audiobox mit 6 Kassetten, ISBN 3-7205-1901-3

Praxis-Kassetten ergänzen das Werk mit Entspannungsübungen und Suggestionen.
4 Affirmations- und Subliminalkassetten in Box mit Booklet, ISBN 3-7205-1673-3

Branko Bokun
Wer lacht, lebt
Emotionale Intelligenz und gelassene Reife

Eine heitere, gelockerte Grundeinstellung ist der beste Schutz gegen Ärger und Angst, Hektik und Streß. Aus kulturhistorischer, anthropologischer und medizinischer Sicht entwickelt der Autor seine Theorie von den Heilqualitäten einer heiteren Lebenseinstellung.

224 Seiten, kartoniert, ISBN 3-7205-1944-9

Richard Bode
Nimm zuerst ein kleines Boot
Von den Gezeiten des Lebens

Ein ungewöhnliches Buch über das Segeln – und über das Leben. Es erzählt die Geschichte eines Jungen, der segeln lernt und im Umgang mit Wind, Wetter und Gezeiten Lektionen fürs Leben erfährt: Wie man über die Untiefen und durch die Stürme des Lebens segelt, wie man Flauten übersteht und seinen Kurs findet.

240 Seiten, gebunden, ISBN 3-7205-1955-4

Alle diese Bücher erhalten Sie in jeder Buchhandlung.
Ein farbiges Büchermagazin mit den lieferbaren Titeln des Ariston Verlages senden wir Ihnen auf Wunsch gerne zu.

ARISTON VERLAG · KREUZLINGEN/MÜNCHEN

Hauptstraße 14, CH-8280 Kreuzlingen, Tel. 071/672 72 18, Fax 071/672 72 19
Karl-Theodor-Straße 29, D-80803 München, Tel. 089/38 40 68-0, Fax 089/38 40 68-10